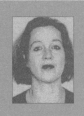

D1665338

Für Maria Weber —
herzlich
Stela von Wysocka.
Mai 2000

EVROPA

Gisela von Wysocki

FREMDE BÜHNEN

Mitteilungen
über das menschliche Gesicht

Europäische Verlagsanstalt

Die Fotos auf dem Vor- und Nachsatz sind von Gisela von Wysocki

Dieses Buch wurde gefördert von »Stiftung Preußische Seehandlung« Berlin.

Inhalt

Futuristische Geister

Denn wir bleiben lebenslang Kinder und legen bis zum Tod die Köpfe in den Nacken, um den Ausdruck auf den Gesichtern der Erwachsenen zu entziffern.

Harold Brodkey, *Unschuld*

Vorwort

Mein Vater, der gern zauberte und in seiner Jugend zu durchreisenden Zirkusartisten Freundschaften unterhielt, kannte ein Spiel, ein wundervolles, ein schreckliches Spiel. Es fing so an: Er lenkte meine Aufmerksamkeit mit unschuldiger Miene auf sein Gesicht, ein gutmütiges, rundes, kinderfreundliches Pyknikergesicht. Dann hob er die rechte Hand und hielt sie sich wie einen Schirm davor. Aber im nächsten Moment hatte er sie weggezogen und ein ganz anderes Gesicht war zu sehen. Blitzschnell durchlief es eine Folge seltsamer Veränderungen. Die Hand deckte zu, löschte aus, immer wieder, und zum Vorschein kamen andere, unvorhergesehene, unvorhersehbare Züge. Ein fremder Vater. Ein Wesen, das nur aus *Gesicht* bestand, nur Ausdruck war. Zu diesem Vater waren alle menschlichen Beziehungen abgebrochen. Das Gesicht schleuderte mit einer unerhörten Gewalt andere Gesichter aus seinem Innern hervor. Satanische, fröhliche, verängstigte, verschlagene, dämonische, neugierige, sich dumm stellende Wesenheiten. Unverschämte, andächtige, tierhaft brutale, kranke, verdorbene, liebenswürdige, leichtsinnige Gestalten.

Bilder. Trugbilder. Heftige Wirklichkeiten. Wie war es möglich, daß sich diese unzähligen Gesichter in ein und demselben Menschen befanden? Ich tat einen tiefen Blick in wildfremde Natur. Viele Jahre später stieß ich noch einmal auf diesen Effekt: in Fernand Légers 1924 gedrehtem Film »Ballet Mécanique«, wo eine madonnenhaft gescheitelte Frau das gleiche Spiel mit dem Zuschauer treibt.

Das Gesicht war ein Tatort; gezeichnet, überzeichnet. Auf schockierende Art war man damit in Berührung gekommen. Eine Bestürzung war damit verbunden, die im Gedächtnis blieb. Was also war es, das Gesicht?

Eine Hieroglyphe, wie Arthur Schopenhauer meinte? In jedem Fall etwas ganz und gar Uneinschätzbares. Es konnte überhastet Nachrichten weitergeben, unchiffrierte Meldungen. Schnell und schneller. Sie zerklüfteten, was zusammenzugehören schien: die Nase, die Stirn, Augenbrauen, Mund und Wangenpaar. Bei diesem Spiel wurden sie aufgeschreckt, in Aufruhr versetzt. Leben, das sich rücksichtslos nach außen stülpte, wie toll geworden. Es scheute keinen Ausdruck, und es kannte keine Wahrheit. Eine Schleuse war geöffnet worden. Unterwelt. Verkehrte Welt: geheime Struktur des Unsichtbaren. Das Vatergesicht zerfiel in unzugängliche Bereiche. Und es schien, als würden sie nicht zu einer Sprache gehören. Höchstens, daß sie Gedanken hervorriefen, wie »So lange es Menschen gibt« oder »Ich kenne diese Gesichter«. Erst später fand sich ein Begriff, der hätte bezeichnen können, worum es eigentlich ging: um menschliche Archetypen.

Man fing an, die Erwachsenen zu erforschen, einen Blick zu bekommen für ihre wechselnden Darbietungen. Das Kino bot die Möglichkeit, ihre Unbegreiflichkeit und seltsame Unberechenbarkeit weiter einzukreisen. Die Gesichter der Schauspieler machten vertraut mit dem Gedanken einer in den Personen arbeitenden Treulosigkeit. In ihrem Zelluloid-Zuhause waren erstaunliche Metamorphosen, provozierend »wilde« Modelle der Wahrnehmung zu besichtigen.

Man wurde selbst ein Erwachsener, damit beschäftigt, sich übersichtliche Verhältnisse zu schaffen. Mehr schlecht als recht ein paar Schneisen in die Wirklichkeit zu schlagen. Ein paar Lieblingsgedanken, ein paar gute Formulierungen waren dabei herausgesprungen. Das Ideal der Treffsicherheit. Themen und Techniken. Vieles ließ sich auf diese Weise in Erfahrung bringen: Analytisches, Historisches, Symptomatisches. Zeiten und Räume. Westliches Leben. Es waren kleine, selbstgewisse Orgien des Durchschauens.

Aber die Realität des eigenen Lebens, ein eher labyrinthisches, hin und wieder halsbrecherisches Unternehmen, führte ungnädig die Ausblendungen vor Augen, zog das Ideal der »schlagenden« Beweise in Zweifel. *Wer* sprach?
Schon das war irgendwann nicht mehr so sicher. Man hatte einen Blick beerbt. Er zog die Dinge in ein semantisches Feld hinein und führte sie den verschiedenen Ökonomien des Verstehens vor; definitiv, demonstrativ.

Dieser Blick, an eine merkwürdige Form der »Reinheit« und des Destillats gebunden, hatte etwas Unverrückbares, etwas überaus Geordnetes an sich. Jedenfalls, er reichte nicht heran an die Wurzeln von Spaltung und Abweichung, von Zerfall und Vielfalt, von vor- und nachgeschichtlichen Materialbeständen der Welt. Nicht an die Dynamik der Moderne. Nicht an die ihr eigenen Legierungen; Mischformen. Diesem Blick fehlte das Zeug, ihre Dramaturgie zu verstehen.
Die Formen der Klugheit hatten andere zu sein. John Cage hatte sie. Als er schrieb, »gestatte allem, gesehn zu werden/ zu verschwinden/ eben noch hier zu sein/ und dann dort.«[1] Ein Sprechen, das in der Lage war, den *Sprung* zu tun. Die Sprengung zu wagen. Den Schnitt. *Change operation.*

Welche Bedeutung hatte es, das schwer faßbare, vielsprachige Zeitgenossentum? Es stand vermutlich mehr mit Cage als mit Konzepten und Kategorien in Zusammenhang. In diesem Sinn hatte schon Friedrich Nietzsche in seinen Bemerkungen über die »Seele der Künstler und Schriftsteller« hervorgehoben, ihre Sprache sei »waghalsig« und behaftet mit einem Zug ins »riesenhaft Unregelmäßige«.[2] Um solche Riesenhaftigkeit und Unregelmäßigkeit ging es aber gerade. Um ein stoffreicheres Repertoire der Wirklichkeit. Um ein weiträumigeres Gedächtnis; eine Erosion in den unumstößlichen Systemen der Unterscheidung, Klarstellung, Offenlegung.

Welches Denken, welche Sprache aber waren frei genug: um die in den Statuen, den Denkmälern des Intellekts gestauten Bilder in Bewegung zu setzen? Um ihre unbekannte, dramatische Diktion erkennbar zu machen? Wo, in welchen Zwischenräumen der Selbstwahrnehmung hatte sich ein gesten- und resonanzreiches Material abgelagert? Spannungsgeladen. Wie ließen sie sich beschreiben, die Orte, deren sirenenhafte Lockung verriet, daß es sich um Tatorte handelte? Um, wie man sagen könnte, *stereophonisch* verdichtete Zeichen eines ungedeuteten Sinns?

Ein solcher Knotenpunkt der verkapselten, eingefalteten Motive war das frühe »Gesichter«-Spiel. Das väterliche Gesicht, die »feste Burg«, hatten Platz gemacht. An ihre Stelle war eine Entladung getreten. Ein Wissen, das Stufen hinabstürzte in ein Früher. Und in eine Betäubung. Eintritt verboten! Laurie Anderson sagt in ihrem Video-Film *The Human Face,* Gesichter »waren immer schon Trophäen«. Und damit hatte das Ganze zu tun. Mit Schaustellungen des Innern, die überlebt hatten: als Oszillationen. Bereit, etwas Unvermutetes preiszugeben. Verbindung aufzunehmen.

Dieses Buch über das menschliche Gesicht, über viele Gesichter, *die*
ins Erzählen kommen, setzt eine Handlung fort, schreibt eine Geschichte weiter. Löst eine Fessel auf.

DAS SKANDALON

Das Gesicht, ein Haut- und Knochen-Werk. Gemeißelt, auskomponiert. Das *chef d'œuvre* der menschlichen Gattung, so könnte man sagen. Ein Unternehmen von geradezu skulpturaler Brillanz. In seiner Materialität liegt Gestisches gespeichert, in seiner Erscheinung etwas Anonymes. Die Beziehung zum eigenen Gesicht ist die Beziehung zur eigenen Theatralität. Heißt, sich auf ein Phantasieobjekt einzulassen.

Edmond Jabès hat es mit einer Galionsfigur verglichen. Wagemutig wie diese zieht es seine Bahn: Kennzeichen des Individuums und seines fliegenden Holländertums. Nach vorn geneigt, immer an der vordersten Front. Wie eine Beschilderung. Erschreckend. Das Gesicht sei immer ein heroisches, meint Jabès. Mutig sei es, überhaupt ein Gesicht zu haben. Schildkröten, deren Panzer wie ineinandergesteckte Okraschoten aussehen, haben fast keines.
Noch eine Spur emphatischer äußert sich Jean Genet, der dem menschlichen Gesicht »geheime Königswürde« und »ungreifbare Einzigartigkeit« zusprach.[3]

Galionsfigur.
Königszeichen.
Trophäe.
Und Hieroglyphe.
Eine geballte Ladung der Auserlesenheit. Der exklusiven Herkunfts-

orte. Das Gesicht erscheint als Rätsel und als Risiko. Als würde es mit dem Ewigen und dem Heiligen paktieren. In solchen Mythisierungen präsentiert es sich als allerletzte Trumpfkarte des Individuums. Seine kompensatorische Funktion.

Die verlorengegangene Perspektive des Subjekts, seine offenkundige welthistorische Schiffbrüchigkeit fordert einen letzten Stützpunkt, eine uneinnehmbare Bastion. Das Gesicht bietet sich an als Ort einer heldenhaften Verklärung. So wie ein Zauber, ein Naturereignis oder der sogenannte Schicksalsschlag. Man fühlt sich ihnen nicht gewachsen: Ihre Autorität hat etwas Unüberwindliches. Das Gesicht ist ein »Irgendetwas«, schreibt Emmanuel Lévinas, »das weder Subjekt noch Substantiv ist«.[4]

Die Sprache umkreist ein Skandalon. Nicht leicht, es in den Griff zu bekommen. Als Metapher, als historischer Raum? Als Körperleben, Schicksal, ästhetisches Ereignis? Als Haut? Oder als Schichtwerk von Häuten? Einerseits seine Präsenz, andererseits sein gefühltes Inkognito. Ein Besitz, aber mit der Eigenschaft der Unberührbarkeit. Als wäre man von allen Seiten einsehbar, jedoch nur hinter verschlossenen Türen.

Aus diesem Grund ist das Spektrum der Annäherung unübersehbar groß. Die Arten der Vergegenwärtigung und ihre Kombinatorik gehen ins Grenzenlose. Die Widersprüche sind unüberbrückbar. Welche Beschreibung könnte greifen: Genets und Schopenhauers Königs-Hieroglyphe? Grandiose Unvergleichbarkeit?

Oder ist den »Kritikern« des Gesichts mehr zu glauben? Sie erklären es rundheraus zum Mißgeschick. Für sie stellt es das Bild einer sozialen Versklavung dar. Seiner Individualität beraubt, erscheint es in seiner

Bewegungsfreiheit sistiert; blockiert. Augen, Augenbrauen, Nase, Stirn
und Mund: ein *Frozen* von Fleisch und Blut.

Paul Valéry hat es als tragische Figur beschrieben, als »Hemmung« wie
»bei einer Uhr«.[5] Eingeschweißt in die gesellschaftliche Maschinerie,
muß es seine Nähe und Zugehörigkeit zu Schemen und Schablonen
täglich neu unter Beweis stellen. Beinah schon Totenmaske. Max Picard spricht von »Gespenst« und »Ruine«.[6]
Das Gesicht erscheint als Verkrüppelung. Reparatur- und reanima-
tionsbedürftig. Seine Konstanz und Wiedererkennbarkeit als Defekt.
Die lebensphilosophische Ungebundenheitsgebärde – mit ihren melo-
dramatischen und literaturfähigen Erfindungen – weist ihm das Aussehen einer Festung zu. Einer selbstzerstörerischen Erstarrung.

Eine Optik, die dazu verführt, sich zurückversetzen zu wollen. Aber wohin? An welche Unschuld ist dabei gedacht?

Die ersten Menschengesichter haben sich, um ihre Feinde in die Flucht
zu schlagen, bemalte, tätowierte »Schreckens«mienen zugelegt. Die
Geschichte der Zivilisation forderte immer gebieterischer vom Gesicht:
daß es ein *Gesicht* hat. Daß es sich eine Erscheinung gibt. Im Grunde
genommen hatte es das Wesen eines *Bildes* anzunehmen: kulturell
konstruiert mit Linienführungen, inneren Kohärenzen und erkennbaren
Strukturen.
Seine Identifizierbarkeit wurde gebraucht, als Barrikade errichtet gegen
die Zerstückelungsangst des Ich. Als Klammer für seine zur Demon-
tage neigenden Bestandteile. »Expressiv, sozial und kommunikativ
trainiert«, so wird es von Peter Gorsen beschrieben.[7] Eine Instanz der

Befestigung und Konservierung des Selbst. Ein plastisch künstlerisches Gedächtnis, an deren Inhalte und allgemeine Signatur die Teilnehmer einer Kultur angeschlossen sind wie an einen *Code*.

Diesen Beweis führte die amerikanische Konzeptkünstlerin Nancy Burson, die eine Reihe von kollektiven Gesichtern ermittelt hat. »Gesellschaftliche Gesamt«-Gesichter, so könnte man sagen. Portraits, wie sie jeweils für ein bestimmtes Jahrzehnt repräsentativ gewesen sind. Burson kopierte die Fotos berühmter Filmstars übereinander, beispielhaft für die Fünfziger Jahre: Bette Davis, Katherine Hepburn, Marilyn Monroe. Oder, für die Achtziger: u.a. Meryl Streep, Jane Fonda, Brooke Shields, Jacqueline Bisset.

Aus diesen Gesichtern formte sich, gemäß der jeweiligen ästhetischen Ideale, scharfgezeichnet, eine Typologie der Weiblichkeit heraus. Ein breiter, fraulicher, zugleich sinnlicher wie mütterlicher Umriß in den Fünfzigern und in den Achtziger Jahren das Bild der Unzugänglichkeit und Strenge, der Unbekanntheit und des Exotismus. Als hätte dieses künstlich herauspräparierte »epochale« Gesicht ein anderes Wissen von seiner eigenen Fremdheit und von der Fremdheit der Welt. Gesichter, so schrieb der Philosoph Vilém Flusser, sind »fotografische Universen«.

DIE AUFMERKSAMKEIT DES TAUCHERS
ODER DAS GESICHT ALS PERFORMANCE
Paul Valéry hat den Menschen im Zustand der Aufmerksamkeit mit einem Taucher verglichen. »Er sieht von den Dingen unter Wasser gerade so viel, wie ihm seine Lungenkapazität erlaubt, ... und er erfährt nur, was er in dieser Zeit sieht.«[8]

Eine schöne Beschreibung für die vorübergehende Steigerung der Seh- fähigkeit; für den Zuwachs an Gegenwärtigkeit in einem bestimmten Augenblick. Wie Tiere oder Perlen, nach denen der Taucher Ausschau hält, gehen die Themen und Motive beschleunigt in die Wahrnehmung ein.

Taucher.
Zuschauer.
Akteur.
Wir waren Teilnehmer einer *Performance*. Unser »Werk«: eine Großauf-nahme. Ein Gesicht. Entwurf eines Gesichts. Streifen eines inneren Textes, aufblitzendes Thema. Züge einer Triebgeschichte von Augen, Nase und Mund. Um zu erfinden, was man zu sehen glaubt. Zu sehen begehrt: ein *Objekt*. Das »befragte« Gesicht wurde, mithilfe von Kas-settenrecorder und Fotoapparat, zum Ort einer Einmündung gemacht, in ein thematisches Feld verwandelt.

In diesem Sinn sprach Genet, bei seinem Besuch in Giacomettis Ate-lier, von der Notwendigkeit, das einzelne Gesicht zu isolieren, es her-auszulösen aus der »übrigen Welt«: nur so könne seine Sichtbarkeit hervortreten. Erst dann würde in seine Oberfläche Bedeutung »einströ-men und sich darin stauen«.[9]

Nach dem sogenannten authentischen Gesicht wurde nicht gefahndet. Eher eine inszenierte Erscheinung sprachlich *gefunden*. Eine auf Zeit gegründete Kontur, in einem auf Widerruf errichteten Raum. Ein Bild, das mit dem Ende der Veranstaltung zerfällt.

Die Tätigkeit des Autors bei diesem Spiel könnte man als Anstiftung zum Erzählen beschreiben. Seine Methode als ein Suchen und Finden im Netzwerk der Aussagen. Die spezifische Metaphorik jedes einzelnen Mitspielers, seine geheimen Systeme bildeten den Rahmen, bestimmten den Ablauf der vielstündigen Gespräche: in ihren oft akzidentellen Formen, ihrer sprunghaft hervorbrechenden Gedankenfolge. Dies alles ging »federführend« als Impuls in die Texte ein. Es sind Niederschriften jener Erkenntnis-Sekunden, die, wie ein Reizmittel – die Franzosen sprechen von einem »eau de cuisson«, einem Bildentwickler – plötzlich eine Figur deutlich in den Vordergrund schieben. Wo eine Kontur mit einem Mal ein Zeichen setzt.

Clifford Geertz hat mit dem Begriff der »dichten Beschreibung« auf die Ballung ritueller und semantischer Momente, die in eine Beobachtung hineinspielen, verwiesen. Demnach hat jede Wahrnehmung die Tendenz, eine »unreine« Wahrnehmung zu sein: »verblaßt, voll von Widersprüchen, fragwürdigen Verbesserungen und tendenziösen Kommentaren«.[10] Sie tritt verkleidet auf.

Ihre sprachliche Form ist Versuch.

Annäherung.

Umschrift.

In diesem Sinn sind die Portraits dieses Buches zu verstehen. Es sind Versuche einer *Lesbarmachung* von Motiven, Einfällen; von plötzlichen Entdeckungen; emotionalen Dunkelzonen, die in der Realität der Texte Fuß gefaßt haben.

Text des Gesichts und das Gesicht der Texte.

Improvisation bestimmt ihr äußeres Bild, ihren fragmentarischen Charakter. Die Zerklüftetheit. Eigenmächtige Form. Die *Short cuts*. Sie zeichnen Sprünge nach: von der Beschreibung in die Erinnerung, vom Kommentar in die Spekulation. Von der selbstgewissen Darstellung in das Gewahrwerden blinder Flecken, unbewußter Bereiche. Das Gesicht, der Text. Ein Kulminationspunkt voneinander abgegrenzter, sich gegenüberstehender, aufeinander übergreifender Eindrücke; Wirklichkeiten; Schrift- und Zeichenbewegungen. Summe. Musterung. Imaginäre Portraits, keine soliden Bewußtseins-Explorationen. Schon gar nicht Belege im Sinne der klassischen Physiognomik, wie sie mit den Namen von Aristoteles, Lavater, Carl Gustav Carus oder Ludwig Klages verbunden ist.

Die Texte folgen einer dramatischen Struktur des Gesprochenen. Peter von Matt hat im Hinblick auf Versuche, das Gesicht zu beschreiben, von einer »archaisch verschütteten Semiotik« gesprochen.[11] Es gehört nicht zu den Eigenschaften dieser Art von Semiotik, sich unumwunden darzustellen. Sie ist eingelagert in das Erzählen von Geschichten; gibt sich in vielfältigen Umschreibungen zu erkennen. Sie formuliert sich durch Episoden und Nebensätze hindurch, im biografischen Detail. Ihre Ausdrucksweise teilt sich mit über Gestik, »Politik« und Physik jedes einzelnen Gesichts.

NICHT ZU ENDE GESAGT
Jede Kultur kennt *ihre* Gesichter, hat sich *ihre* Formen der Selbst- und Fremdbilder geschaffen. Das individuelle Gesicht schält sich aus dem offenen Ensemble von Haltungen, Zurückhaltungen, von Aussage- und Absageweisen heraus.
Ein großer Teil der in diesem Buch versammelten »Mitteilungen« stammt aus Österreich. Werfen sie spezifisch »österreichische« Fragen

auf? Gibt es einen »österreichischen« Umgang mit dem eigenen Gesicht? Andere mimische Paradigmen? Unterschiede zu »deutschen« Formen der Benutzung, ein anderes In-der-Welt-sein?

Ein deutsches Gesicht im Wiener Caféhaus fällt auf. Es sieht wichtig aus. Sprechend. Ein Arbeiten, ein Säen und Ernten. Gewogen und zu leicht befunden: Das wäre ein traumatischer Satz für dieses Gesicht. Es würde bedeuten, daß es sich nicht effektiv genug präsentiert hat. Die exakte Sprache, das artikulierende Gesicht, fast eine Gleichung. Die Grammatik »sitzt«, bei beiden. Sie sind wie Fahrzeuge, die ans Ziel kommen wollen.

Dagegen ist die Sprache der Österreicher, besser gesagt, ihre Sprachschlamperei, die sprichwörtliche, an das Verschlucken und Verlorengehen der Konsonanten und Silben geknüpft. Das Gesicht unterstützt das nicht zu Ende Gesagte. Der Blick zielt aufs Einverständnis. Ein Ausdruck von mangelnder Signifikanz. Es öffnet sich ein Raum der Unauffälligkeit wie eine unbeleuchtete Theaterloge. Die Ereignisse werden in einem »Beiseitegesprochen« kommentiert.

Das Gesicht, sich einfügend, wirkt heimisch in zweiter Natur; zwischen Caféhaustischen und Monumentalfassaden. Die Dinge scheinen geklärt, bevor man dafür tätig werden mußte. Ein Gesicht auf Beobachtung, mit Blick auf die auseinandergebrochene Monarchie, vorbeiziehende Donauwelle, gescheiterte Republik, erborgte deutsche Identität, auf die sogenannte »immerwährende« Neutralität. Und am Ende als Zuschauer aufgenommen in eine Familie: Europa.
Eine Historie, die die Gesichter, unbeschmutzt, gewissermaßen noch

in der Originalverpackung, einbettet in Geschichten, Erinnerungen, in das Arrangement des Biografischen. Eine Historie, die an den Gesichtern der anderen ablesen möchte, wer sie selber ist. Ein Warten, ein Lauschen. Mit feinem Gespür für die Regungen der anderen. Ein Gesicht für Zwischentöne, es ertastet die Verstecke, weil es die eigenen sind. Sigmund Freud hat es als sein Gegenüber anschaulich beschrieben. Das Gesicht des Ich: ein unbekannter Kontinent.

Daran mögen mit einigen Motiven die Texte erinnern, die sich aus den »österreichischen« Gesprächen ergaben. Motive, die in erfinderischen Umspielungen, Sprachbildern die Tarnkappe und Totenmaske paraphrasieren. Das nicht-ansprechbare, das tabuierte, totemistische Gesicht. Das aus der Zeit gefallene Gesicht; die Nachahmung. Und das geschminkte Gesicht: als weibliche Kunstform.

FAHRENDE ZÜGE

Die »Physiognomiker« dieses Buches – aus dem Zeitraum der letzten drei Jahre – kommen aus dem Freundeskreis, oder es sind Autoren-Kollegen, Freunde vom Theater. Schließlich gehören zum Kreis der Befragten alle jene Personen, die ins alltägliche Leben »hineinspielten«; vor allem in Frankfurt, Berlin und Wien. Die Suche nach sogenannten repräsentativen Gesprächspartnern, professionellen Informanten – Portraitfotografen etwa, plastischen Chirurgen oder Visagisten – wäre denkbar und möglich gewesen. Ihre Erfahrungen hätten zu einem anderen Buch geführt. Sein Zentrum wäre dann die demonstrative, gewissermaßen hauptberufliche Beziehung zum Gesicht gewesen. Aber weder die Suche nach exemplarischen Sprechern, noch auch die gezielte Befragung unbekannter Interviewpartner waren beabsichtigt.

Stattdessen erfährt der Leser Näheres über die Änderungsschneiderin, den Elektriker, den Bankangestellten, die Telefonistin. Ihre *Gesichter,* ein Panorama der Informationen und Übersetzungen, der offenen und geschlossenen Visiere sind der Stoff, das ganz und gar subjektive Material dieses Buches und seiner Autorin.

Die Begegnungen fanden in großen und kleinen Küchen statt, in Caféhäusern, in Fluren, Speisezimmern, auf Parkplätzen und auf Balkonen; in fahrenden Zügen, in Hotelzimmern, Hochhäusern und Gartenhäusern. Die Fotos, dem Buch beigefügt in der Reihenfolge der Texte, sind Teil dieser Improvisorien, Elemente der Begegnung. Keine Portraitaufnahmen, eher zeichenhafte Hinweise der Anschaulichkeit.

Erzählungen unter Erzählungen.

Einige wenige Gesprächsteilnehmer hatten den Wunsch, anstelle der Namen ihre Initialen anzugeben. Diese Form wurde in allen Fällen praktiziert, um keine überflüssigen Unterscheidungen einzuführen.

Allen, die an diesem Buch beteiligt waren, kann nun noch einmal gedankt werden; für ihren Mut und ihre Klugheit. Für ihre Verve und ihren Witz. Für die staunenswerte Großzügigkeit, mit der sie sich auf dieses Spiel eingelassen haben. Sie alle haben meine Neugier ertragen und mich an ihrer Nachdenklichkeit teilnehmen lassen. Schwer abzuschätzen, wie sehr die vielfältigen »Mitteilungen« in ihrer Fremdheit, in ihrem kunstvollen Eigen-Sinn mich verändert haben. Daß alle diese Gesichter und in ihnen die Gesichter des Lebens an Deutlichkeit gewonnen haben, ist aber für jeden von uns erfahrbar gewesen.

1 John Cage, »theater ist raum-zeit«, in Zeiträume, München 1991, S. 280
2 Friedrich Nietzsche, Werke in drei Bänden. Hrsg. von Karl Schlechta, München 1960, I. Band, S. 579
3 Jean Genet, »Alberto Giacomettis Atelier«, in: Alberto Giacometti. Skulpturen. Gemälde. Zeichnungen. Graphik. Hrsg. von Peter Beye und Dieter Honisch, München 1987, S. 363 f.
4 Emmanuel Lévinas, Die Zeit und das Andere, Hamburg 1989, S. 22 f.
5 Paul Valéry, Cahiers / Hefte 4, Frankfurt 1990, Seite 459
6 Max Picard, Fragmente aus der Nacht 1920–1965, Zürich 1978
7 Peter Gorsen, »Wir alle spielen Theater«, in: Florentina Pakosta. Zeichnungen und Radierungen 1973–1983. Ausstellungskatalog, Wien 1984, o. S.
8 Paul Valéry, a.a.O., S. 510
9 Jean Genet, a.a.O., S. 363
10 Clifford Geertz, Dichte Beschreibung. Beiträge zum Verstehen kultureller Systeme, Frankfurt 1983, S. 15
11 Peter von Matt, ... fertig ist das Angesicht. Zur Literaturgeschichte des menschlichen Gesichts, Frankfurt am M. 1989, S. 155

Taumel

Mimisch, ein wahrer Vulkan.

(P. P.)

Am schönsten wäre ein fluktuierendes, ungebundenes Gesicht.
Ein Mallarmé-Gesicht.

(F. Ph. I.)

Jede Form von Drama

Schöne Seele, aber leider im falschen Körper, im falschen Gesicht.
Lange Zeit eine dichte Verpackung: links rechts das Haar, dunkle Brille. Ohrringe und meistens ein Hut. Immer auf der Suche nach einem Versteck.

Ein Versteck sollte auch das Theater sein. In Wirklichkeit ist man nirgends so nackt wie auf der Bühne.

Schauspieler-Gesichter sind dünnhäutige, lockere Gesichter, unentschieden genug, alle möglichen Empfindungen in sich aufzunehmen.

Ein Gesicht wie dieses kann nicht alles: Es kann nicht kokett sein, wird ironisch, kippt in die Komik um. Naivität glaubt man ihm auch nicht. Frivolität geht nur mit einem intellektuellen Schlenker.

Dagegen ist ihm jede Form von Drama zuzutrauen. Es kann böse, rachsüchtig und furchtbar sein. Extrem furchtbar.

Medea spielen. Ein Medea-Gesicht finden. Um herauszubekommen, wie eine Frau zur *Barbarin* wird.

Tote Gesichter: in Gerhart Hauptmanns *Michael Kramer* die Szene, wo Michalina ihren toten Bruder anklagt, der ihr die Liebe des Vaters gestohlen hat.

Das Sprechen mit einem Gesicht, das unter einem weißen Tuch verborgen ist.

T. S., geb. 1944, Schauspielerin, lebt in Berlin

Auf der Strecke geblieben

Die Klasse. Das Internat. Teil der 4b. Weder angesprochen noch verstanden, noch geliebt als Person. Das war Kindheit. Bloß nicht auffallen. Grau sein.

Irgendwann ist dabei das Gesicht auf der Strecke geblieben.

Als Brillenträger gab es eine kleine Chance, als Kurzsichtiger.

Die Brille. Das bereits war eine Sensation, eine Abweichung vom katholischen Duckmäusertum. Fast schon eine Form des Extremismus.

Wie wenig Spaß es macht, sich selber anzuschauen! Sich zuzuschauen. Weshalb. Warum das wohl so ist.

Ob sich das je ändern wird.

Anfang zwanzig, da sind die Haare ausgegangen. Innerhalb von drei Jahren. Es ist halt passiert.

Von da ab war das Gesicht erst recht kein Thema mehr.

Vielleicht wird es deshalb überall für das eines Einheimischen gehalten. Wegen seiner Gesichtslosigkeit.

Weil sich jeder einen Reim darauf machen kann.

In New York oder in Moskau. In Paris. Und der Antisemit kann sagen, hier steht nun also der Prototyp eines häßlichen Juden vor uns.

Ob man das Leben wirklich in den Gesichtern erkennen kann?

Manchmal, da sieht ein Straßenarbeiter wie ein Gelehrter aus, hat einen wundervollen Kopf. Und ein paar der großen Maler, die hier ihre Bilder ausstellen, haben Ähnlichkeit mit Sparkassendirektoren.

Die Furcht davor, anderen Menschen direkt ins Gesicht zu sehen. Ihre Intimität zu verletzen.

Das Tabu des *Hinsehens*.

Ganz anders bei manchen Heiligenfiguren. Etwa denen in der Jesuitenkirche. Abgewandte Gesichter, die zum Himmel schauen, sich vor neugierigen Blicken zu schützen wissen. Nur bei der Jungfrau Maria sind die Züge zu erkennen. Vom heiligen Ignatius ist lediglich das Profil zu sehen. Und seine verdrehten Augen.

Im Gegensatz zum Leben ist die Kunst *deutlich*. Die Welt der Bilder. Wer sich diese Welt erobert hat, kann alles mit ihr machen.

Die zehn Lieblingsbilder im Amsterdamer Rijksmuseum.

Oder im Wiener Kunsthistorischen Museum: schrankenlose Bilder. Einfach schrankenlos. Sodaß man in sie hineingehen kann.

H. W., geb. 1943, Galerist, lebt in Wien

Dünn gespannt

In der Kindheit waren zu viele Gesichter da. Damals dachte man noch, sich später eins davon aussuchen zu können. Das, was am schönsten ist.

Die Entscheidung fiel auf dieses hier, die Eltern mochten es nicht. »Du hast alles das mitbekommen, was an uns häßlich und unglücklich ist.« Kein Gesicht, das den Menschen gefallen könnte. Und daran würde sich im ganzen Leben nichts ändern.

Der Mund ist wie die Buchstaben, wie die Handschrift. Aufrechte Buchstaben oder schräg geschriebene, manchmal sehr rund, dann spitz, fahrig, klein oder groß.

Manchmal ist der Mund so winzig, daß er fast verschwindet. Manchmal voll. Der Lippenstift gibt ihm ein Gerüst. Ein Aussehen.

Derart unbeständig ist auch die Nase. Sie wächst und wächst und wird immer größer.

Früher, in der Schule, war das Profil buchstäblich niemals zu sehen. Immer war da die Hand im Gesicht. Wie ein Verdeck.

Am Knochen anliegendes Fleisch, ein strenger Schnitt. Dünn gespannt. Ein männlicher Rahmen.

Beinah ein Mißverständnis.

In Verbindung mit der großen Nase: das spitze Kinn.

Das Gesicht hätte Ähnlichkeit mit einem Raubvogel. Es gibt Leute, die ganz unverblümt so etwas schon gesagt haben. Es sei kriegerisch und einsam.

Gleichzeitig ist aber immer auch dieses Lächeln da. Es liegt wie ein zweites Gesicht über der Raubvogelhaftigkeit. Wie eine Erinnerung. *Weiblichkeit.*
Im Flur steht ein Spiegel. Die vielen unbekannten Gesichter. Oft. Anblicke, die etwas Erschreckendes haben. Etwas geradezu Niederschmetterndes.

Etwas Verschlossenes und Kleinmütiges.

Und trotzdem ist es ein Dialog.

P. N., geb. 1967, Musiklehrerin, lebt in Berlin

Drei Physiognomien

Irgendwie war an diesem Gesicht alles immer lächerlich. Altmodisch, nicht zeitgemäß. Und kindisch. Und überaus häßlich.

Die Eltern, die in Polen leben, bestanden darauf, daß das Haar in einem Zopf geflochten wurde. Der Vater, ein Jurist, war alt, so alt wie ein Großvater: noch geprägt vom bürgerlichen Polen der Vorkriegszeit. Die Mutter, auch alt, ebenso sämtliche Familienangehörigen. Lebten im Widerstand gleich gegen zwei Lager: gegen die kommunistische Partei auf der einen und gegen die Verwestlichung in den kapitalistischen Ländern auf der anderen Seite. Menschen, die in Anachronismen zuhause sind.

Die Erziehungsmodelle, die es gab: das unnahbare Fräulein, das anständige Mädchen. Gut erzogen, ernst, auf keinen Fall ein Teenager! Auf keinen Fall etwas Lärmendes, etwas Modernes, Buntes, Poppiges.

Man ging buchstäblich in Sack und Asche, Kosmetik war nur gegen Dollars erhältlich.

Während des Stipendiums in Deutschland erschien plötzlich alles in einem neuen Licht.

Das Kindische wurde als Frische wahrgenommen, als Jugendlichkeit. Natürlichkeit. Das Gesicht war hineingeraten in einen gewaltigen Prozeß der Umwertung.

Es fühlte sich frei an. Die Haare waren kurz, das Leben leicht.

Aber bald nach der Rückkehr nach Polen machte ein Kollege eine Bemerkung, wieder einmal über das »kindische Gesicht«. Das ge-

fürchtete Wort. Als hätte es nur darauf gewartet. Auf der Lauer gele-
gen.

Was war los mit dem Gesicht?

Privileg oder Schatten aus der Vergangenheit.

Es hieß: Deine Fotos kann man niemandem zeigen.

Jetzt, hier in Wien, sind die Menschen von den Augen fasziniert.

Sie sind voller Ruhe und Unruhe, beides. Ruhe und Fröhlichkeit. Diese
Mischung ist es wohl. Als hätten die Augen etwas Anrührendes.

Das Kindische erscheint als Qualität.

Das *junge* Gesicht, in dem es keine Verstellung gibt. Keine Maske und
keine Masche.

Das Gesicht hat weder etwas Gezüchtetes noch etwas Künstliches an
sich. »Es ist mein Gesicht.«

P. St., geb. 1962, Verlagsangestellte, lebt in Wien

Vom Gefühl her eine Wunde

Über das Gesicht zu reden ist wie das Sprechen über etwas Obszönes. Beinahe wie über das Geschlecht.

Manches am Gesicht hat eine sexuelle Bedeutung. Der Kopf, die Nase, die Zunge, der Mund.

Das Gesicht: zwangsläufig eine Form des Exhibitionismus.

So führt der Exhibitionist sein Geschlecht vor, als Konzentrat. Sein Körper selbst ist irgendwo anders.

Immer ist da diese Empfindung, der vereinsamte Andere zu sein.

Der einzige unter fünf Milliarden Menschen mit diesem Körper, mit dieser Stimme, mit diesen Handlinien, diesem Gesicht!

Was für eine Belastung.

Furcht oder Scham? Im Grunde ist das Gesicht das schlechthin Verborgene am Menschen. Das Gesicht *ist* die Maske.

In einer Kultur, in der das Tragen von Masken etwas Alltägliches ist, würde man sich mehr zu Hause fühlen können!

In der russischen Sprache ist das Wort für Gesicht gleichlautend mit dem Wort Person, auch mit Persönlichkeit.

»Als Kind bin ich einmal ins Gesicht geschlagen worden. Diesen Schmerz habe ich bis heute nicht vergessen.«

Man hat zwei Möglichkeiten, sein Gesicht selber zu sehen. Den Spiegel und die Fotografie. Authentisch sind beide nicht.

Die Augenblicke des Staunens, des Schmerzes, überhaupt die unverhoffte Empfindung sind uns ebensowenig zugänglich. Nur als Anblick: im Spiegel. Höchstens also, daß man sich im eigenen Spiegelbild ertränken könnte. Untergehen in ihm.

Um mit dem eigenen Bild zusammenzufallen.

Das Gesicht läßt sich nicht abkoppeln von Funktionen, von den Stadien des Lebens.

Ganz anders als das Wort, die Poesie: Sie können das. Sich lösen von dem Zwang, etwas ausdrücken zu müssen.

Am schönsten wäre ein fluktuierendes, ungebundenes, sich selbst genügendes Gesicht.

Es könnte heißen: das *Mallarmé*-Gesicht.

Der Wunsch ging immer dahin, sich mit einer Tarnkappe zu bekleiden.

Und wirklich, diese Sehnsucht ist bis zu einem gewissen Grad in Erfüllung gegangen.

Die eigentlichen Linien, Lebensspuren liegen jetzt unter der Haut: Vielleicht hat das Gesicht tatsächlich mit der Zeit etwas diskret Maskenhaftes angenommen. Es gibt wenige unkontrollierte Bewegungen darin.

Beinahe tröstlich. Daß es ihm geglückt ist, seine Verletztheit nicht preiszugeben.

Der Wunsch, eine vielleicht nur im Tod erreichbare Gestalt der Unsichtbarkeit anzunehmen. Reiner Geist zu werden. *Psyche.*

Schließlich nicht einmal ein Wort zu sein. Auch das kann verfälscht werden.

Das Gefangensein im Körper. Sein eigener Gefangener sein. Körper, den man nicht beherrscht. Von Francis Ponge gibt es den schönen Satz: Die allergrößte Freiheit findet im Gefängnis statt. Dort expandiert die Phantasie. De Sade. Brodsky.

Das Gesicht hat etwas Schmales. Vertikales. Es wäre komisch, wenn es ein breites Gesicht wäre.

Vertikalität heißt Konzentration, Sammlung. Heißt auch Lieben. Aufrecht stehend auf eine Frau zuzugehen.

Damit im Zusammenhang, das Schreiben. Es hatte ursprünglich mit dem Gravieren zu tun. Eine Beschäftigung, die man im Stehen ausübte.

Es wäre schön, kraftvollere Haare, eine gesündere Farbe zu haben.

Kiefer und Kinn, der Mund besitzen eine Zartheit, die etwas Mädchenhaftes hat. Dabei kann der Körper Spannungen und Intensitäten halten: Es gibt aber im Gesicht keine Entsprechung dafür. Weder im Knochenbau noch sonstwo.

Der Bart bildet den Versuch, einen Akzent zu setzen. Erweiterung des Spielraums.

Kann man sein eigenes Gesicht überhaupt beschreiben? Wie sprechen über etwas, das der andere, der einem gegenüber Sitzende wahrnehmen kann, nicht aber man selbst?

Alle Schmerzerfahrungen liegen im Bereich des Gesichts. Seit der Kindheit besteht eine Spannung zwischen dem Kopf und dem Rest des Körpers.

Am Hals eine Art Würgegriff. Irgend etwas, das den freien Fluß der Bewegungen einschränkt, unterbindet.

Sehr früh schon der Gedanke, daran sterben zu müssen.

Weil die Durchlässigkeit irgendwann ganz aufhören könnte. Zahnprobleme. Neuralgien.

Das Gesicht ist vom Gefühl her eine *Wunde*.

Trotzdem, nach außen erscheint es als etwas Neutrales. Wie wenn eine Strumpfmaske darüber liegen würde.

Zwei schwere Eingriffe. Augenoperationen. Da waren die Augen von innen zu sehen. Plötzlich, über Nacht, war alles zu. Grau in grau.

Die Netzhaut hatte sich abgelöst, sich losgerissen vom Augenhintergrund. Sie schwamm im Auge herum. Das Auge wurde, nach einer Injektion, wie ein Apfel aufgeschnitten. Es war zu spüren, wie die Ärzte sich zu schaffen machten, wie ihre Geräte näherkamen. Und drei Stunden lang an den Augen gearbeitet haben.

Was dann folgte, waren Bandagen und Bewegungslosigkeit. Nach mehreren Wochen wurden die Verbände abgenommen und als erstes fiel der Blick auf die blauen Augen des Arztes.

Daß jemand mit einem Messer darauf zukommt. Das ist das Gefühl. Das Gefühl bei diesem Gesicht.

Es fühlt sich verletzt, bedroht, aber ohne sich wehren zu können.

F. Ph. I., geb. 1942, Schriftsteller und Übersetzer, lebt in Zürich

A little bit higher

Ein paar Dinge stimmen nicht. Die Nase ist zu groß, die Augen sind zu klein. Die Ohren zu tief angesetzt, schon im Mutterleib verrutscht.

Grundsätzlich ist das Gefühl für die eigene Sichtbarkeit Schwankungen unterworfen.

Manchmal der Gedanke, gar nicht vorhanden zu sein.

Wer Angst hat, wird optisch kleiner.

Unter der Haut die unausgefüllten Konturen.

Das Gesicht wird kraftlos, hat keinen Tonus. Es zerfasert.

Während des Singens legt sich diese Zerstreutheit auf alles. Das Publikum spürt die Abgelenktheit. Es genügt den Leuten nicht, daß einer schön singt. Sie wollen, daß man seine ganze Kraft zeigt. Wollen das sehen, was sie selber am liebsten tun würden.

Die rechte Gesichtshälfte lächelt ganz von selber, sieht willensstark aus, die linke ist kraftlos. Das Gesicht ist wie halbiert. Alles, was schlaff, schmerzhaft, krank am Körper ist, sitzt links.

Deshalb die Angewohnheit, das Mikrophon mit der rechten Hand zu halten.

Die Stimme kommt nicht gut, wenn es in der anderen Hand liegt.

In einer Trance-Sitzung war ganz deutlich die linke Seite des Gesichts zu erkennen, und sie sah aus wie eine Brücke: wie eine Brücke zum Unbewußten. Seltsamerweise spielte das Mondlicht eine Rolle dabei.

Dieser linke Teil ist immer vernachlässigt worden und deshalb geschwächt. Aber ein kleines Depot ist noch da.

Im Grunde lebt genau davon die Musik, die Stimme. Der *Gesang*.

Die Augenringe werden zugeschminkt. Die Haut soll als schönes Material erscheinen, als etwas Vollkommenes.

People want me to be a little bit higher.

S. B., geb. 1961, Rock-Sängerin, lebt in Wien

Zu früh ausgeschöpft

Seit dem Aufenthalt in der Psychiatrischen Klinik hat sich das Gesicht sehr verändert.

Als erstes fällt heute anderen Menschen seine Traurigkeit auf. Die tiefe Niedergeschlagenheit.

In der Kindheit besaß es eine solche Munterkeit und Wachheit, daß es manchmal Ohrfeigen gesetzt hat: weil es so aussah wie das Gesicht eines *Übeltäters*. Es machte den Eindruck, als wäre ihm alles zuzutrauen.

Als Gesicht eines Lehrers durfte es nicht böse erscheinen, es sollte dem Schüler Kraft geben. Ermutigung.

Manchmal war es erschüttert, zeigte, vor der Klasse, Bewegung: bei einem Gedicht, einem Drama.

Wenn ein Schüler bestraft werden mußte, war es streng, aber niemals verachtungsvoll.

Es sollte unentwegt, das ganze Leben lang Stärke und Optimismus ausstrahlen.

Sein Ausdruck war immer an Ansprüche und Forderungen gebunden.

»Dagegen wurde das Gesicht meiner Frau im Laufe der Jahre immer unbeteiligter.«

Zuletzt hatte es den Charakter einer Plastik.

Sie hat gesammelt, während das eigene Gesicht damit beschäftigt war, Gefühle herauszuschütten, Kraft zu verausgaben.

Mimisch gesehen, ein Vulkan. Was *innen* ist: verurteilt als Heimlichtuerei, abgetan als etwas Unzulässiges. Kein Maß gefunden. Immer ein Zuviel. Vielleicht kamen deshalb später die Einbrüche. Das Reservoir: zu früh ausgeschöpft.

P. P., geb. 1925, Rentner, lebt in Hattenheim/Rhg.

Der verhängte Spiegel

Man nimmt an diesem Gesicht etwas wahr, das wie Hochmut oder Arroganz aussieht und mit der Zugehörigkeit zur bürgerlichen Klasse zu tun hat.

Es repräsentiert ein bestimmtes Bild.

Beherrschung, Ausgeglichenheit. Tugenden eines bourgeoisen Familienlebens.

Etwas Konventionelles.

Ein Angst machendes Gesicht, das auf Distanz hält.

Trotzdem übt es eine gewisse Anziehung auf Menschen aus, sie kommen und suchen es.

Privilegiert zu sein, heißt, sich verstecken zu müssen. Überhaupt, sein Dasein, seine bloße Erscheinung nicht wirklich frei zum Ausdruck zu bringen. Vermutlich aus lauter Schuldgefühlen.

Die andere Erfahrung mit dem Gesicht hat mit einem Erlebnis vor dem Spiegel zu tun. Ein Friseur kam regelmäßig ins Haus und frisierte im Badezimmer, er schnitt das Haar, kürzte den Pony, sehr gerade und sehr brav. Einmal, im Spiegel, waren die Augen dabei besonders schön, fast betörend.

Die Mutter muß etwas gemerkt haben und hat in dieses erste Verliebtsein eingegriffen. Sie hat mit einem Tuch den Spiegel zugehängt.

Das bedeutete die Trennung vom eigenen Gesicht. Eine Trennung, die an das Gefühl der Scham gebunden war.

Ein Gesicht durfte man nicht anschauen, das war die Lektion.

Körperliches mußte zugedeckt, aus dem Blickfeld entfernt werden.

Ausgewirkt hat sich dieser frühe mütterliche Verweis in zwei voneinander abweichenden Vorstellungen. Entweder später einmal ein Heim zu gründen für labile, schonungsbedürftige Kinder (so schonungsbedürftig wie man selbst) oder die andere Möglichkeit: Schauspielerin zu werden. Um wieder an den Spiegel heranzukommen. Um das Tuch von damals fortzuziehen.

Bei einem Skiunfall, ein Sturz hinab in eine Schlucht, stieß der Kopf durch die zugefrorene Decke eines Bachs hindurch. Das Eis verletzte die Wange. Von diesem Erlebnis hat niemals jemand etwas erfahren.

Man ist nicht gern ein gefallenes Mädchen.

Statt dessen wurde eine überaus dramatische Geschichte angeboten, die Geschichte einer Messerstecherei in Marseille: mit der männlich phallischen Lust am Abenteuer, die auf diese Weise zum Zuge kam.

In der Öffentlichkeit erscheint des Gesicht gelegentlich als harmonisch wirkend. Es erweckt den Eindruck einer bestimmten Güte.

Eine Güte, die zwangsläufig Anteile des Bösen enthält. Güte, die mit Begierden und Süchten zu tun hat: Stolze Trauer, gepaart mit Kälte.

Trotzdem, es scheint da etwas von früher durch das Gesicht hindurch. Etwas von dem sprichwörtlich lieben Kind.

In den Augen, im Blick ist sehr viel Tiefe. Es ist die gleiche Tiefe, für die es sich lohnt, auf der Welt zu sein. Diese untere Schicht. Der Teil am Leben, der *zugrunde liegt*.

Die Augen können sich besser ausdrücken als der Mund. Das hängt mit einer frühen Eßstörung zusammen, mit Verweigerung. Geburtstag war der Tag, an dem die Mahlzeiten ausgelassen werden durften.

Die Zähne haben zu wenig Biß.

Ein Weiterwirken der Eßstörung vielleicht. Sie müßten manchmal mehr zubeißen, weniger zusammenbeißen. Das wars, was die Familie als Tapferkeit honoriert hat. Tränenlos durchs Leben zu gehen.

Und Tränen, die nicht sein dürfen, müssen sich den Weg nach innen suchen. Müssen in die Tiefe gehen.

Eine Möglichkeit. Und ein Betrug. Ein Betrogenwerden: um das laute, auch um das trotzige und sich verweigernde Weinen. Das Weinen, das nein sagt.

E. M., geb. 1925, Analytikerin, lebt in Wien

Expedition

Das Gesicht ist eine *Vision*. Ohne sie sind Gesichter zum Verrückt-
werden.

Urplötzlich, ganz selten vor dem Spiegel kann man es sehen.
Aber dann ist es fremd.

Am Gesicht läßt sich die Entfernung von der Welt erkennen. Das, was
hinter dem Gesicht liegt, erscheint näher als es selbst. Die Schwere
und Leichtigkeit der Gedanken. Nur durchs Anfassen ist es da. Ist es
körperlich anwesend.

Das menschliche Gesicht befindet sich in einem unauflöslichen Wi-
derspruch: Es will sich herausnehmen aus der Welt und sich gleichzeitig integriert fühlen. Die Körper sind verkleidet, Gesichter sind direkt einsehbar.

Bilden den Knotenpunkt, an dem das Unbewußte und das Soziale zusammenstoßen: ein durch und durch unbewußter und zugleich sozia-
ler Ort.

Eine Schaltstelle: Es unterstützt die allgemeinen Codes, macht sie
tragbar. Und fügt auf diese Weise die Person zu einer Einheit zusammen.

Eine Einheit, die es in Wirklichkeit nicht gibt.

Wenn die Geschichte eines Menschen in dieser Welt beendet ist, der
Blick plötzlich alles auf einmal erfassen kann, dann wird sichtbar werden, daß sie nichts anderes gewesen ist als die Auseinandersetzung

zwischen einer magischen, religiösen Ebene einerseits und einer ele-
mentaren, naturhaften andererseits.

Das Gesicht in seiner affektiven Sprache bringt zum Ausdruck, welche
Entscheidungen getroffen wurden. Insofern zeigt es eine komplexe
Physiognomie der Emotionen.

Eine Eigenart dieses Gesichts ist es, daß die Unterdrückung, die unbewußte Beseitigung eines Wunsches immer eine ganz bestimmte Bewegung des Mundes auslöst. Etwa *so.*

Zu wissen, daß es passiert und daß der andere es auch sieht. Solche
Augenblicke *machen* ein Gesicht: Es ist das Resümee eines komple-
xen Zusammenspiels. Eine Art Schlußstrich.

In wichtigen beruflichen Situationen fast der Anblick einer Totenmaske.

Ihre Macht liegt im Ausdruck absoluter Unbeteiligtheit. Lebten wir im
Paradies, dann hätten wir vielleicht alle weiche Pflaumenkuchen-Ge-
sichter.

Aber wir müssen noch arbeiten, deshalb stellt jedes Gesicht Forderungen. Es zeigt die Lüge, die Sünde, die verbotenen Wünsche, den
Haß, die Liebe und das Töten-Wollen. Die andere, tiefe, die sozusagen
kriminelle Schicht. Es unterläuft die Verbote und bleibt verbunden mit
dem Urgrund.

Als zivilisierter Betrachter honoriert man die vom Gesicht geleistete Arbeit, seine Beherrschtheit. Autorität. Bei den Männern ohnehin, und
bei den Frauen registriert man, daß sie Herrinnen ihrer Sinne sind.

Als hier in Berlin die Mauer fiel, da konnte man sehen, wie gleichzeitig die Gesichter zusammenbrachen. Die Situation war einfach zu groß, zu mächtig geworden. Die Gesichter schienen wieder an den Körper gebunden zu sein, an körperliches Geschehen.

»Während meiner Arbeit am Theater habe ich die Neutrale Maske von Jacques Lecoq kennengelernt.« In dem Moment, wo man sie anlegt, übernimmt sie einen Charakter. Ganz von selbst. Obwohl sie an sich ausdruckslos ist. Sie stellt vergrößert einen unbewußten Ausdruck dar. Sofort und unübersehbar. Was einer denkt, was einer fühlt. Es überträgt sich simultan auf die Maske. Weil der Körperausdruck weiterwirkt. Die Maske übernimmt seine Sprache, überkonzentriert.

Ein Gesicht von unübertrefflicher Deutlichkeit.

Einmal ging es darum, die erste, allererste Bewegung kurz nach der Geburt zu vollziehen. Und man weiß genau, ob sie stimmt oder nicht stimmt. Aber es wollte nicht gelingen, es war vollkommen unmöglich, diese Bewegung richtig zu machen. Diesen Nullpunkt wirklich zu treffen.

Jeder hat es gesehen: daß die Bewegung unecht war.

Da gab es kein Gesicht mehr, das von dieser Tatsache hätte ablenken können.

Auf großen Reisen kommt es näher. Bei Expeditionen in die Wüste. In der Wüste trocknet es aus, wird faltig.

Es brennt. Also ist es da.

Es lebt, es glüht, es fühlt.

Es wird zu einer Haut, die sich enger um den Körper zieht: weit nach vorne verschoben.

J. O., geb. 1956, Tanztheoretiker, lebt in Berlin

Komposition

Die Notwendigkeit der Fassadenarbeit, das Bestreben zu stützen, da wo es Einbrüche geben könnte.
(A. M.)

Die Nase ist zu groß. Die große Nase braucht auch einen großen Mund und große Augen. Diesen weiten Mantel hier. Große Bewegungen. Die Proportionen insgesamt mußten geändert werden.
(L. P.)

Hinterrücks wieder in Frage gestellt

Da gab es das Erlebnis mit der »Bajazzo«-Maske, zur Zeit der Basler Fasnacht. Ein kostümierter, kleiner Junge, der ins Krankenzimmer geführt wird, wo die Mutter das Neugeborene, eine Schwester, im Arm hält.

Dieser Anblick löste Schrecken aus, ein furchtbares Schluchzen, es stieg von unten hoch, aus irgendwelchen unbekannten Tiefen, war plötzlich da, ungerufen.

Unter der Maske blieb es ein verborgenes Schluchzen.

Das Gesicht: stolz und tränenüberströmt, beides unsichtbar. Unkenntlich unter dem »Bajazzo«-Gesicht.

Später dann die Rituale am Familientisch, das hämische Aufdecken von Schwächen und Untugenden aller Beteiligten.

Unter solchen Bedingungen wäre es geradezu fahrlässig gewesen, sich auf ein sogenanntes wahres Gesicht überhaupt nur einzulassen.

Die Maske. Sie wird gebraucht. Irgendwann ist sie da, übernimmt ihren Dienst.

Es gibt Momente, wo das Gesicht innen grau wird. Als ob die Haut ungenügend mit Blut versorgt ist.

Um die Knochen herum saugt etwas, zieht nach innen, eine bestimmte Anspannung.

Dann ein Kampf, manchmal einen Monat lang, der Kampf gegen den Abbau. Die Notwendigkeit der Fassadenarbeit, das Bestreben zu stützen, da wo es Einbrüche geben könnte.

Immer wieder verräterische Spuren. Die Ringe unter den Augen. Und der Versuch, sie *anzuheben*.

Das Problem, sich jeden Morgen neu aufzubauen. Das ist Schwerstarbeit.

Man hat in dieser Welt ein Gesicht zu haben, ein möglichst sich gleichbleibendes. An diesem Punkt setzt der Druck ein, beginnt der *Streß*. Die Brille schirmt ein wenig ab, läßt einen zur Ruhe kommen hinter den Gläsern.

Und doch, es passiert immer wieder, daß die Dinge sich selbständig machen!

Dann setzen Schweißausbrüche ein, verbunden mit nervlichen Krisen. Und mit dem Wunsch, weit weg zu sein, an einem anderen Ort.

Das Gesicht *entgleist*.

Unerfreulicherweise gibt es eine Reihe von Leuten, die Schwierigkeiten haben, es überhaupt wiederzuerkennen. Es scheint, als sei seine Haut, vergleichbar mit der Meeresoberfläche, beweglich, unbegrenzt verschiebbar. Veränderlich. Als sei es eine *treulose* Haut.

Trotzdem, kürzlich sagte jemand: Genauso habe ich mir einen Reporter von GEO vorgestellt! Diese Worte hatten etwas Erleichterndes, also war die eigene Person identifizierbar. Erkennbar als Mitglied eines bestimmten Personenkreises, einer Gilde gewissermaßen.

Ein Mann, der die Dinge im Griff hat.

Eine Beglaubigung!

Applaus! für die zumindest kurzfristig so erfolgreich vorgewiesene
Identität.

Immer wieder zu erleben, daß ein Gesicht sich etablieren läßt. Daß einem diese Möglichkeit immer wieder gegeben ist.

Aber ein besonderes Gesicht muß es schon sein.

Zu Haus der Berufsprinz, das Königskind. Der Scheich, herausgelöst aus kleinkrämerischer Alltäglichkeit! Damit beschäftigt, prinzenhaft das eigene Erscheinungsbild zu entwerfen. Der Edelmann, der Verfeinerte. Kein deutscher Kartoffelesser. Sondern ein zivilisierter Schweizer: überzeugt davon, ein *Star* zu sein.

Ein *Star* des Gesichts.

Es gibt einen Ausdruck darin, wie wenn es einatmen würde.

In der Kindheit wurde es für indisch gehalten, dabei sieht es eigentlich persisch aus.

Im Profil ist es eine Enttäuschung: Jeder Prinz bevorzugt das Gesicht *en face.* Der Unterkiefer zeigt eine Verkrüppelung, »Unterkiefer-Behinderung«. Daran hat auch das jahrelange Training der Kinnpartie, die Übungen mit vorgeschobenem Kiefer nichts geändert.

Prozeduren, um ein sogenanntes willensstarkes Kinn zu entwickeln. Charakter.

Alles umsonst: Die Errichtung des Gesichts gelingt nur von vorn.

Die ganze Arbeit wird hinterrücks wieder in Frage gestellt.

A. M., geb. 1948, Journalist und Schriftsteller, lebt in
Frankfurt am Main

Zurückweisung durch ein Weiß

Du wirst geliebt für das, was du kannst, lautete das mütterliche Credo. Trotzdem, schon früh, mit dreizehn, gab es die ersten Schminkutensilien. Einen blauen Stift, einen Kopierstift. Er wurde befeuchtet und dann die gesamte Augenpartie damit bemalt. Obwohl Kopierstifte giftig sind.

Schönheit spielte dabei überhaupt keine Rolle.

Es ging um die Tarnung. Sich schminken, um einen Filter zwischen sich und die Welt zu schieben.

Schon auf dem Land, damals, in der Einöde des Bauernhofs. Niemals das ungeschminkte Gesicht, niemals in der Öffentlichkeit.

Schminken. Eine Mauer wurde benötigt, die Mauer, das Versteck. Man war ein Lamm, das sich zitternd duckt vor dem Wolf: vor dem Gehirn der Mutter, ein Gehirn wie aus Stahl.

Das Schminken war ein Exil, ein Reservat. Niemand hat auf diese Weise gewußt, was sich dahinter verbarg. Niemand kannte seine Nacktheit.

Ein ganzes Arsenal ausgesuchter Werkzeuge.

Weiße Gletschercreme, die sich dick und schwer auf die Lippen legte, ein kalter Effekt. Seiner Natur nach trocken, nicht schimmernd.

Undenkbar, ohne die Gletschercreme aus dem Haus zu gehen.

Ohne diese zweite Haut. Die Farben. Farben mit der Eigenschaft, eine fremde, krankmachende Wirkung auszuüben. Komische, verrückte Farben, alles andere als schön. Frühe Punk-Tönungen: Für die Lider dieses rötliche Gelb, Ocker für den Mund. Das Haar ist blond, es sollen sich keine Kontraste ergeben.

Nicht zum Haar und nicht zur Haut. Das Ideal: geschminkt zu sein, ohne geschminkt auszusehen.

Nichts Blaues, Grünes oder Violettes, nichts Glänzendes. Nur Hautfarbenes: Ausgeblichenes.

Eine Wirkung beinah, wie sie von Albinokarnickeln ausgeht. Oder als wäre eine Neigung zu Migräne und Weinkrämpfen vorhanden. Abgewiesener und unerfüllbarer Wunsch: krank und hilfsbedürftig zu wirken.

Krankheit, verstanden als kreativer Akt, als eine Ausdrucksmöglichkeit, wenn andere Formen nicht zur Verfügung stehen. Darstellungen des Wahnsinns. Körper, die außer sich geraten, neben sich hergehen.

Gut auszusehen, Schönheit, nicht wichtig. Darin liegt kein Genuß.

Kleider, Hüte, Gewänder, herrliche Objekte: die gekauft werden, ohne anprobiert, ohne getragen zu werden.

Dann kam eine Zeit, wo die alten Trümpfe nicht mehr zählten: Klavierspiel und Ibsen-Lektüre waren mit einem Mal ohne Bedeutung. Die Gesellschaft gestattet einer Frau diesen Herrschaftsanspruch nicht, nicht diese Vermessenheit.

Das heißt, Verwandlung in einen *Körper*. In ein Gesicht, dem es erlaubt wurde, Macht über Männer auszuüben. Weiche, fließende Stoffe, frisiertes Haar.

Der Mund, vorher kalt, eine Zurückweisung durch ein Weiß, wurde rot geschminkt. Die Augen blieben unbetont.

(Geschminkte Augen gehen aus der Frau förmlich heraus, stellen eigene Organe dar, signalisieren Aggressivität. Schminke macht die Augen herrschsüchtig. Das Recht des Blicks ist ein phallisches Instrument: Männerrecht. Die Frau hat sich zu zeigen, und der Mann dringt im Schauen in sie ein.)

Vermutlich haben die Männer keine wirkliche Freude an der geschminkten Frau. Sie wollen den Zugang zum nackten Gesicht, wollen das Bereinigte okkupieren.

Und wirklich, die zu rot geschminkten Münder haben etwas Unheimliches, Gefräßiges an sich.

Auch die Augen. Können etwas Hungriges zum Ausdruck bringen. Augen, die schnelle Musterungen vornehmen, rasch, präzise, taxierend. Wenn sie dann einen Blick aufgefangen haben, bleiben sie mit quälender Intensität daran haften, instinkthaft. Diese Augen verfolgen jede Regung der Männer mit äußerster Aufmerksamkeit, was diese wiederum nur schwer ertragen.

Aber das wissen die Frauen, die solche Blicke werfen, nicht.

Die ungeschminkten Frauen dagegen, die es aus Prinzip nicht tun, haben auf ihre Weise ein Problem: Sie sind von dieser Dialektik nicht freigesetzt durch ihr Nichttun. Ihre Reinheitsidee, die Idee vom puren Gesicht, steht immer auch in Verbindung zu dem Satz von der »deutschen Frau, die sich nicht schminkt«. Eine Ideologie, gerichtet gegen das Dekadente, gegen das Jüdische, gegen das Urbane.

Schön sind Gesichter, die etwas Zurückweisendes haben. Keine Ge- fangenen-Gesichter, keine Geschlechtsrollen-Gesichter.

Punk-Mädchen mit aufgemalten Wimpern, mit eckigen Kleopatra-Zügen, Formen, Empfindungen, oft gegen das natürliche Gesicht gerichtet, gegen die Gefallsucht. Der Blick stößt auf nichts Zerquältes.

Das eigene Gesicht: in seiner ungewöhnlichen Form.

Fast viereckig, breit. Ein slawisches, bäuerliches Gesicht mit großen Flächen. Es hat viel Platz, es kann ganz unbekannt werden.

Jenseits der Bizarrerie und des Grotesken.

Hätte sich die Natur statt dessen ein südländisches, warmes Gesicht ausgedacht, wären die Widerstände der eigenen Person gegenüber noch viel stärker ausgeprägt. In diesem großangelegten Bauerngesicht kann man sich aufgehoben fühlen.

Widerspiegelung eines Kulturkreises, tschechisch-jüdisch, rumänisch. Herkunftsorte, die hierzulande verachtet werden. Sie haben dem Gesicht seine Schwermut mitgegeben.

Sich anschauen, für einen kurzen Moment. Sich in seinem Gesicht aufhalten.

Mit dem Haar ist nicht viel zu machen, keine Frisur, bei dieser Glätte. Kein elegantes Hochstecken. Da zeigt sich am stärksten ein Eigensinn. *Ich.*

Auch in den Wirbeln, auf der Kopfhaut. Man sagt, daß Menschen, die viele Haarwirbel haben, sich in einer Vorform der Schizophrenie befinden. Das hat mit den Synapsen zu tun, die nicht richtig verdrahtet sind. Mit Vernetzungen des Gedächtnisses, die ans Absurde grenzen.

Ein Symbol: für die Sucht nach Wortassoziationen, nach Kalauern, Sprachspielen? Sprache als lockeres Gewebe.

Deshalb die ausgiebigen Dialoge mit Plüschtieren, mit Plüschhasen, Plüschaffen.

Ein Phantasieren in ihrer Sprache, ein ihnen Nach dem Munde reden.

In dieser Komik zu Hause sein.

E. J., geb. 1946, Schriftstellerin, lebt in Wien

Bis zum Jüngsten Tag

»Ich bin Muslim, also ist mein ganzer Körper von Gott geschaffen, auch das Gesicht.«

Beide sind gewissermaßen *nicht von dieser Welt,* gehören daher auch nicht dem Menschen. Er muß aber sorgen für sie, muß darauf achten, daß es ihnen gut geht. Daß sie nicht leiden.

Das heißt, nicht zu trinken und nicht zu rauchen. Das Gesicht zu beschützen. Damit es in seinem Urzustand bleibt.

Frauen zerstören es durch Schminke, durch die Chemie. Die Gesichtshaut wird krank, die Seele leidet.

Gott wollte, daß es dieses Gesicht geworden ist. Ein Ausgangspunkt bis zum Lebensende. Am Jüngsten Tag muß man sich vor Gott verantworten, wenn er fragt: Was hast du mit deinem Körper gemacht, mit deinen Füßen, mit deinem Gesicht?

Sind deine Füße in die richtige Richtung gelaufen? Haben sich deine Hände nützlich gemacht? Wie hast du deine Ohren benutzt? Hast du absichtlich schlechte Dinge gehört?

Dann fragt Gott nach den Augen: Hast du mit ihnen auf die falschen Dinge geblickt? Länger auf etwas Schlechtes geschaut, als es nötig gewesen wäre? Sind deine Augen in meinem Sinn tätig gewesen?

Haben sie Verantwortung getragen oder sind sie weggelaufen, wenn sie gebraucht wurden? Warum mußt du eine Brille tragen: Sie ist etwas Fremdes in deinem Gesicht.

Augen und Gewissen, sie spielen zusammen. Es werden ihnen Aufgaben gestellt.

Das Fernsehen: Man muß sich diese Bilder nicht anschauen, sie zeigen schlechte Dinge, böse Sachen. Dann muß der Knopf gedrückt und ein anderes Programm eingestellt werden. Es liegt an einem selbst, seine Augen zu schonen oder sie zu stören. Und dein Mund?, fragt Gott weiter. Was hat er gesprochen? Hat er die Wahrheit gesagt? Hat er gelogen? Für alles müssen wir bezahlen: Was aus dem Mund herauskommt, kommt nie wieder zurück. In Istanbul sagt man: Die Zunge hat keinen Knochen. Sie kann sich in alle Richtungen verbiegen, sieh zu, daß es in die richtige geht.

R. Y., geb. 1957, Gelegenheitsarbeiter, lebt in Frankfurt am Main

In der Eile des Lebens

Ein unauffälliges Gesicht, weder interessant noch fotogen. Erst im Kontakt mit anderen belebt es sich.
Bewegt sich mit offenem Visier auf sie zu.
Ein einfaches Gesicht. Ohne Verstecke.
Es schaut traurig drein, wenn es traurig, und fröhlich, wenn es fröhlich ist.
Die Mimik ist ausgeprägt. Das hängt mit dem Beruf des Musikers zusammen, der ein nachschöpfender Künstler ist, ein Darsteller.
Darstellen heißt: Neugier erwecken. Die Menschen sollen Entdeckungen machen, beschäftigt sein, lesen in dem, was sie sehen.

»Meine Leidenschaft gilt den Totenmasken.«
Masken berühmter Leute, Dichter, Künstler, Komponisten. Dort drüben, das ist die Maske des Botanikers Karl von Linné. Joseph Haydns Büste zeigt seine Pockennarben. Beethovens Maske den Ausdruck der Verlassenheit, das Weltabgeschiedene seiner Existenz.

Hier, in der Stadt, nimmt man nur die Geburten zur Kenntnis, nicht den Tod. In der bäuerlichen Kultur ist das anders, da ist man als Kind mit der Großmutter die Toten anschauen gegangen.

Als im Dorf die Kanalisation erneuert wurde und ein riesiges Rohr durch den alten Friedhof gelegt werden mußte, sind etliche Särge dabei angeschnitten worden, es gab undichte Stellen. Die Knochen und Schädel lagen teilweise frei herum, so daß man sie einsammeln konnte, als kleiner Junge sie zusammentragen und nach Hause mitnehmen.

Sie wurden gesäubert und bildeten schließlich eine Kollektion von halben und ganzen Gebissen und Gelenken, alles mögliche, sackweise.

Manchmal taucht der Gedanke auf, einen Abdruck des eigenen Gesichts herstellen zu lassen. Eine Totenmaske. Das Gesicht verliert dann zwar seine Bewegtheit, aber dafür sieht man sich als sein eigener Widerpart, als Gegenüber. Ein schizophrener Gedanke. Man selbst zu sein: in der Form der Maske.

In die Essenz des eigenen Gesichts hineinzuschauen.

Ein bewegtes Gesicht, ein bewegtes Leben. Meistens passiert gerade etwas Ungewöhnliches, ganz in der Nähe. Etwas, das aus dem Rahmen fällt. Dinge auch, die die anderen Menschen nicht sehen, hören, riechen können.

Die Tage sind turbulent, und die Nächte fangen oft erst um drei oder vier Uhr in der Früh an.

Ein Teil des Ich: geht unter in der Dichte der Erlebnisse. In der *Lebhaftigkeit*. Zustände, die an die Grenze der Erschöpfung gehen. Heute hier und morgen da.

Kann sein, daß die Vorstellung, in Form von Wachs oder Gips zu existieren, damit in Zusammenhang steht.

Der Stillstand als Möglichkeit: zu sein.

Die Ruhe der Totenmaske. Ja, vielleicht ist es ihre Ruhe.

Oder eine Vorwegnahme des Todes, ohne die Nachteile des realen Sterbens.

Sterben in eigener Regie. Tot sein, aber im Zustand der eigenen Bewußtheit. Buchstäblich: sehenden Auges.

Hineingehen in dieses ruhiggestellte Bild. In diese Person, die man in der Eile seines Lebens nicht sein kann. Und die in Wirklichkeit nicht einmal zu sehen ist.

J. Sch., geb. 1948, Musiker, lebt in Wien

Suggestion Schönheit

Das Gesicht war schon veröffentlicht, lange bevor es das eigene war. Im Münchner Staatsopernballett, in kleinen Rollen beim Film. Sein Markenzeichen hieß »Schönheit«. Damals war es ein Diktat. Und ein Berechtigungsschein für das Leben, für einen Platz auf der Welt. Die Kunst bestand darin, allein durch die Kraft der Überzeugung, Schönheit zu *behaupten*.

Eine Schönheit, die in Wirklichkeit nicht da war. Man tat nur so, als ob. Es ging darum, das Gesicht, so wie es war, zu überlisten: seine Empirie vergessen zu machen.

Es mußte eine Form der vorgestellten Schönheit erzeugt werden. Buchstäblich eine *Ästhetik der Anwesenheit* aus dem Boden gestampft werden.

Im Grunde ein wunderbares Spiel. Und durchaus nicht nur Täuschung. Man ist zu einem Vorstellungsgespräch geladen. Die Tür geht auf, und eine umwerfend schöne Frau betritt den Raum. Eine Frau, die von sich weiß, daß sie alles andere als eine Schönheit ist. Und trotzdem schön, in diesem Moment.

Eine Suggestion.

Eine Beschwörungsformel im Innern: die auf eine Sichtbarmachung hinauslief.

Aber diese Schönheit hatte fatalerweise ihrem Wesen nach nichts Anziehendes, sondern etwas Angsterregendes. Eine Erfindung, etwas künstlich Erzeugtes.

Das schöne Bild hatte die Eigenschaft, die Menschen fernzuhalten. Selber zu vereinsamen.

Aus dem Gesicht war ein pornografisches Werk geworden.

Tortur und Vergnügen.

In Wirklichkeit war eine Entmachtung eingetreten. Durch eigene Täterschaft. Es gab keine Erinnerung mehr daran, was dieses Gesicht einmal gewesen ist.

Stellte etwas Nacktes, Schutzloses dar, das jeder, der wollte, berühren, sich greifen konnte. Ein Zuviel auf der einen Seite und auf der anderen ein *Vakuum*.

Nicht ein Ich sprach, sondern ein Produkt. Wer war gemeint? Welche Person?

Die Mutter, eine Wissenschaftlerin, sagte: Sei schön, nicht stark. Sei *Frau*. Sei Shirley Temple mit der Lockenfrisur. Sei Lilian Harvey, verträumt, romantisch.

Diese Mutter war der Mann. Schönheit, für sie erfunden und eingeübt. Das sitzt tiefer als alles, was man auf der Schauspielschule lernt. Die Mutter hat eine Bresche geschlagen für alle die Blicke, die noch folgen sollten. Sie lehrte, wie man flirtet und wie verführerisch das Verführen ist. Stolz natürlich, aber doch! So wurden Körper und Gesicht zu einer wandelnden Offerte.

Dann die Auftritte im Münchner Residenztheater: der Palast, das Haus, die Überhöhung, das Ereignis. Die tagelangen Fotositzungen! Titelblätter, Standfotos, Muskelkater im Kiefer, ein stundenlanges Grinsen.

Welches Kind darf schon schön sein, darf all die wunderbaren Dinge tun, darf in Samt und Seide geradezu baden? Andere Kinder verzehren sich danach.

Aber dann, eine plötzliche Strenge. Wenn neue Sommersprossen zu sehen waren, um Gottes willen. Du wirst dick, dein Bauch. Deine Haltung, wie stehst du da!

Wo ist deine Ausstrahlung? Dieses Wort entpuppte sich als Horrorbegriff.

Es war Frank Wedekinds Erzählung *Mine-ha-ha,* die plötzlich Licht in die Vorgänge gebracht hat. Da wird das Training kleiner Mädchen in einem von der Umwelt abgeschlossenen Park beschrieben. Sie dürfen diesen Park nicht verlassen und nicht wissen, was außerhalb davon vor sich geht. Sie üben sich in Schönheit, steigen auf, von Stufe zu Stufe, zu immer größerer Vollkommenheit. Später dann müssen sie tanzen, ein schrilles und vulgäres Ballett. Ihre Ausbildung war finanziert worden, kalt, zielstrebig, mit ökonomischem Kalkül.

Die Synthese von Schönheit, Geld und geiler Befriedigung.

Oder: der Werdegang.

Ein Wiedererkennen. Karriere eines Gesichts.

Als *physiognomisches* Temperament gesehen, jetzt heute, würde man es chaotisch nennen können. Wild bewegt.

Ein Kanal, jede Pore, jede Falte, die Augen, die Nasenlöcher.

Als solches gar nicht da. Etwas ganz und gar Durchlässiges. Kein Gefühl, nicht einmal die Haut fühlt *sich.* Das Gesicht ist nur von innen da, es schaut direkt aus sich heraus.

Als sei es ein Nichts. Als gäbs es gar nicht.

Ab und zu eine Fahrt nach München mit seinen eleganten Menschen und Geschäftsauslagen. Die Schaufensterscheiben zeigen das Bild einer Bäuerin, die zwischen einem Lachanfall und dem Wunsch, sich ihren Anblick zu ersparen, hin- und hergerissen ist.

Keine »Aussage«, von Kopf bis Fuß. Keine »Aussage«!

Keine Form, keine verabredete Schönheit.

Das frühe, das gefeierte Gesicht: wie weggewischt, in Schichten abgetragen.

E. O., geb. 1939, Schauspielerin, lebt in Gaissach, bei München

Feindliche Macht

Die Röntgenaufnahme des eigenen Kopfes anschauen.

Die leeren Augenlöcher, den Kopf als Knochen, die Zahnreihen. Wo sonst ein Gesicht war, ist plötzlich der Tod.

Wenn sich der Tod auf diese Weise so deutlich im Gesicht zeigt, tut das Leben es auch?

Das Gesicht stellt eine Nacktheit dar, die Frauen schminken es. Araberinnen tragen einen Schador.

In irgendeiner Form muß das Gesicht versteckt werden. Ohne Versteck wäre es unmöglich, damit zu leben.

Was alle diese Fenster in unseren Gesichtern verraten könnten! Welche Hilflosigkeit uns dies bereiten würde! Also muß es ganz und gar von seinen Bedeutungen gereinigt und zu einem bloßen Körperteil gemacht werden. Zu einem Organ, das für uns zu atmen hat. Zu schauen, zu schmecken und zu riechen.

Um leben zu können mit unserem Gesicht, muß es lügen.

Der Körper wird mit einem Rock verkleidet, mit Hosen und Jacken.

Die Verkleidung des Gesichts ist die Lüge, die Falschheit. Das ist sein Beruf. Es muß sagen, daß es uns gut geht und daß wir hier auf dieser Welt einen Platz gefunden haben.

Die Nutte muß einen Dirnenmund haben. Die Frau ein Frauengesicht, dezent, anständig. Die junge Frau ein Jungfrauengesicht, sie braucht keinen Lippenstift.

Alles Lügen, denn vielleicht onaniert die junge Frau jeden Abend. Und in Wirklichkeit würden sehr, sehr rote Lippen in ihr Gesicht gehören. Das Gesicht wird dressiert wie ein Pferd, es macht nur eingeübte Schritte.

Absurderweise denkt die Gesellschaft, daß gerade das Gesicht nicht lügt. Deshalb ist es besonders einfach, die Menschen *physiognomisch* hinters Licht zu führen.

In unserer Gesellschaft gibt es nicht das pure, nur das pervertierte Gesicht.

Nackt und pur ist nur der menschliche Körper: Eine extreme Anschauung davon geben uns die nackten Gestalten in den Konzentrationslagern, hilflose Körper. Oder Kinderkörper. Die Beine, manchmal ungeschickt. Der Bauch, der unverhoffte und seltsame Geräusche von sich gibt.

Im Gegensatz dazu kann man das Gesicht in Stellung bringen. Man atmet tief durch und macht, daß es *cool* wird. Das Gesicht weiß sich zu helfen.

Nur wenn es »verrückt« ist, verhält es sich so wie der Körper. Dann ist es entweder am Kotzen, oder es hat mit einer schweren Neurose zu tun.

Dem Körper kann man vertrauen, den uralten Gefühlen. Dem Gesicht muß man mißtrauen.

Als ob es in Besitz genommen wurde.

Oder sich von uns emanzipiert hat.

Einen Putsch gegen uns geplant hat.

Solche Gedanken machen Angst. Jetzt, im Augenblick, große Angst, aber sie sind wahr.

Das schöne, liebe, gute Gesicht! Deine Augen! Der Mund! Dieses ganze Cha Cha Cha! Das ehrliche Gesicht! Das angeblich die Empfindungen freilegende Gesicht: Liebe, Haß oder Glück. Stimmt alles nicht! Das Gefühl! so wahr! In Wirklichkeit vollkommen unter Kontrolle gebracht. Das alles gehört uns nicht, ist nicht in unserer Hand.

Die Macht der Gesellschaft: Am tiefsten ist sie über das Gesicht in uns eingedrungen.

Julio Cortázar beschreibt in seiner Erzählung *La casa tomada* (»Das besetzte Haus«) das Leben eines Geschwisterpaares, das ein Gebäude bewohnt, welches nach und nach von fremden Geistern besiedelt wird. Zimmer für Zimmer, Stück für Stück. Eines Tages müssen Bruder und Schwester ausziehen, es gibt in dem Haus keinen Platz mehr für sie.

Das Schicksal unseres Gesichts? Man tritt es ab an eine fremde Macht, nach und nach. An die Forderungen von Geistern. Mal als Berufstätige, mal als Ausländerin, als Frau, als Mutter, als nette Nachbarin, als sympathische Freundin.

Die Frage ist doch, ob man vielleicht eines Tages gar kein Gesicht mehr besitzt. Ob es nicht weggegangen ist von uns. Vielleicht sind die Menschen schon lange nicht mehr die Bewohner ihres Gesichts? Längst schon Monster?

Die Mode, das Jahrhundert, Weiblichkeit, Männlichkeit, Schönheit, Modernität, alles das! Stärke!

Das Gesicht muß diese Begriffe *übernehmen.*

Und daher ist es eine feindliche Macht, kein Freund. Wie in Cortázars Haus, wo die Geister die Menschen nicht durchlassen, es sind Ausgesperrte.

Vielleicht gehört den Menschen lediglich eine ganz bestimmte Art von Gesicht. Dasjenige, das hinter dem bekannten Gesicht liegt. Das, mit dem man seine Nächte verbringt.

Vielleicht ein Gesicht mit offenem Mund? Möglicherweise sieht es ganz furchtbar aus. Ungeschminkt jedenfalls, wie in einen Morgenmantel gehüllt.

Wer weiß, vielleicht ist es ganz schön? In seiner Ruhe schön? Ein Wesen, das ganz und gar solidarisch mit uns ist. Wie eine alte Krankheit, die man liebt, weil sie alt ist.

Ein aus der Gefangenschaft entlassenes, kein handelndes, kein arbeitendes Gesicht.

Man müßte Mitgefühl mit ihm haben, weil es so viel zu leisten hat.

Buenos Aires, eine andere Szene. Dort starren die Leute schamlos in die Gesichter anderer. Die Männer wollen die Frauen anmachen, die Frauen wollen wissen, was der andere besitzt. Diese Blicke sind immer da. Immer sind diese Polizisten um einen herum. Wem das Gesicht eines anderen nicht gefällt, wird das zum Ausdruck bringen. Durch einen Blick, der mächtig ist, er wird dich lächerlich erscheinen lassen.

Die Kinder schauen einen an, als wäre man vom Fasching übriggeblieben.

Die Gesichter der Argentinier sind handelnde, deutliche, sich anstrengende Gesichter. Die Menschen leben damit, ihre Berufe zu verlieren, ihre Wohnungen zu wechseln, ihre Städte verlassen zu müssen. Die Muskulatur ist fest, das Gesicht steht im Lebenskampf.

Was kann ich von dir haben, was muß ich dir dafür geben?

Die Gesichtszüge sind noch voller Wildheit.

Es gibt eine problematische Ausprägung des deutschen Gesichts. Das heldenhafte Gesicht ohne Farbe. Die Haare sind hell. Die Augen, wie gewaschen. Eine Kuh hat solche Augen, ohne Richtung, ohne Ziel. Sie schaut, ihr Blick trifft aber auf kein Objekt.

Die Menschen hier kennen nicht das, was man eine Notsituation nennt. Wenn es hart auf hart kommt, machen sie Selbstmord, sie nehmen Drogen, werden Alkoholiker oder schlagen ihre Frauen. Sie haben wenig Chancen: als Mensch. Als Figur.

Das Leben in der deutschen Stadt ist ein protektionistisches Leben. Sie ist wie ein Pappi, gibt Arbeit und Brot. Die Menschen haben das

Sozialamt. Sie dürfen nicht einmal kämpfen. Dafür erwartet man ihre
Dankbarkeit, sie dürfen Deutsche sein.

Die Gesichter der Deutschen bewohnen nur noch wenige Zimmer des Hauses.

Die Energie fließt ins Finanzamt, ins Geld, sie ist ohne Kraft, ohne Übung.

Deutsche Gesichter sehen aus, als bräuchten sie jemanden, der sie adoptiert. In ihnen ist Naivität und eine tiefe Gläubigkeit. Es ist die gleiche Gläubigkeit, die dieses Volk so groß gemacht hat. Und die es gleichzeitig wahnsinnig werden ließ.

In seiner Philosophie. In seiner Gedanken-Geschichte. Der Deutsche. Das Mercedeswerk. Das sind Mythen. Hitler. Der Arier.

Neue Gesichter entstehen. *Ersatzgesichter.* Formbare Gesichter? Wehrlose Gesichter.

Sie können sich nicht verteidigen.

M. C. C., geb. 1946, Schriftstellerin und Analytikerin,
lebt in Frankfurt am Main

Lieblingssprache

Es gibt Augen, die einem das Gefühl geben, als hätten sie schon Jahrtausende gesehen.

Und es gibt vampiristische Augen, freßsüchtig, bedürftig, hysterisch. Augen, die sich abstützen müssen, deren Blick so wirkt, als stürzten sie sich auf eine Mahlzeit.

Augen des schwulen Mannes. Der hungrige Wolfsblick.

Anziehend sind die provozierenden Augen. Augen, die die kleinen Abstufungen, die genau festgelegten mimischen Maximen mißachten. Augen-Blicke. Ein Flirt vielleicht. Sekundenlang eine elektrische Ladung.

Eine Liebesgeschichte: Sie begann mit einem Blick über hundert Meter Entfernung, von einer Treppe hinüber zu einer anderen.

Bis auf den Grund der Seele. Als würde eine elektrische Birne angeknipst werden. Die Körpertemperatur steigt, der Magen hüpft.

Momente, in denen die Augen schneller sind als der Kopf, entwaffnende Momente, die einen das Wundern lehren.

Aber der Blick kann sich auch verengen, so daß er sich verschärft. Er fokussiert, schneidet, er wehrt ab. Das ergibt dann die zweidimensionalen Augen. Augen, die wie auf einem Foto aussehen: *plan.*

Dagegen haben dreidimensionale Augen einen Sog. Intensität. Sie ziehen den Blick nach innen.

Früher das Studium der *Stars,* der gutaussehenden Mitschüler. Das eigene Gesicht sah anders aus. Es war voll von Ecken und Kanten, voller Vorsprünge. Es exponierte sich, ein massives Kinn, die hohen

Wangenknochen. Landschaftlich gesehen, Berg und Tal. Die Backen
wie Hügel. Struktur. Vorgabe.

Die Augen: Pfeile. Das Gesicht, ein Feld. Geballte Information. Eine Offerte.

Untersuchungsgegenstand war auch die Stellung der vorderen Zähne. Von der einen Seite her sahen sie schief aus, von der anderen Seite nicht. Frontal gesehen hinnehmbar: aus einer gewissen Entfernung.

Ausgiebig wurden die Haare bearbeitet, so oder so gefönt. Idiosynkrasien. Lange Haare sollten in Wellen fallen. Der Pony hatte eine Tolle zu sein. Gnadenlos wurde ein Wirbel über der Stirn nach hinten verlegt, geradezu abgerichtet. Die Stirn verwandelte sich in eine niedrige Verbrecherstirn.

Es folgte eine gruselige Dauerwelle. Dann kamen Bürstenhaare. Ein Topfschnitt. Aber, wie bei Aschenputtel, die Schuhe paßten alle nicht.

Konsequenterweise fielen langsam die Haare aus. Zwangsläufig blieben nur ganz wenige Frisuren übrig: Das Problem hat sich von selbst gelöst.

Mit Männern zusammen ist das Gesicht ein schwules Gesicht. In der Gesellschaft einer Frau sieht es heterosexuell aus.

Kein *Typus,* es liegt am jeweiligen Umfeld.

Die mimische Intensität: Theatralik zeigt sich unbekümmerter in einer homosexuell dominierten Umgebung (*Camp* oder *sophisticated,* diese Worte könnten sie umschreiben) als in einem Café, in dem am Nebentisch drei heterosexuelle Paare sitzen und sich über ihre Urlaubsziele unterhalten. Dort erscheint sie als bizarr, clownesk, merkwürdig. Also reduziert man sie.

Die Marktgesetze, die für schwule Männer gelten, sind härter, schamloser als sonst irgendwo.

Und trotzdem, dieses Gesicht, die Seele?, drücken etwas *Junges* aus. Unverbrauchtheit? Alles geht schnell, das Sprechen, Schauen, Reagieren. Es liegt in allem etwas Beschleunigtes.

Diese Geschwindigkeit gehört zum Leben, bis hin zum Stoffwechsel. Ein zu schnelles Essen, zuviel, eine insgesamt zu rasche Nahrungsverwertung.

Mag sein, ein zu schnelles Denken.

Daß also die Dinge überstürzt, manisch überstürzt gesehen werden könnten. Die Gedanken: an sich gerissen werden.

Der Versuch, *blank* zu werden, wie die Engländer sagen. Die beständige Übung, das Bewußtsein auszuschalten. Langsamer zu machen.

Die Tafel neu zu beschreiben.

Vielleicht ist das der Grund für das Junge, Jungenhafte des Gesichts. Der Wille zur Unabhängigkeit. Freiheit gegenüber den eigenen Konditionen.

Reale Person sein. Kein Phantom, das an den Menschen nur so vorbeisaust.

Eine Sehnsucht.

Das Gesicht wäre nicht so heiter, wenn das Denken nicht so viel Spaß

machen würde. Oder das Sprechen. Wenn es nicht so wichtig wäre,
auf der Welt zu sein.

Man bewegt sich im Leben nicht in Feindesland: In der Jugend hat man solche Gedanken. Aber Intelligenz kann auch etwas anderes sein als eine Bewaffnung. Ein Leben im Unglück, dachte man früher. Und, daß man es vielleicht nicht lange aushalten wird.

Die Seele des Gesichts? Wer kann das wissen?

»Ich weiß nur, daß die brasilianische Sprache meine Lieblingssprache ist.« Elastisch, rhythmisch, musikalisch.

F. H., geb. 1960, Verleger und Übersetzer, lebt in Berlin

Das Runde und das Eckige

Das schwarze Haar, der Ponyschnitt sind nach dem Bild der Kleopatra geformt. Bis heute, ganz ihr unverwechselbares Portrait. Eine Idee von Erotik, von der Gleichwertigkeit der Geschlechter. Eine Erotik der Stärke, der aktiven Verführung.

Ein rundes Gesicht, auch der Kopf, der außerdem etwas Kleines hat. Das Ganze fühlt sich irgendwie rundkugelig an.

Kleopatra bedeutet Eckigkeit, das Kantige der Form.

Es geht immer um die Suche nach einer Spannung.

Es geht um diesen spröden Knick. Da, wo der Pony und das seitliche Haar zusammenstoßen. Das ist weder weich noch absehbar, also anders als bei einer Rundung. Das Eckige kann auf jede nur erdenkliche Weise weitergehen: spitzwinklig, rechtwinklig, scharf oder sanft.

Wenn sich irgendwo etwas Rundes zeigt, ist sofort der Wunsch da, eckig dazwischenzutreten.

Gegen das Milde ungemütlich werden. Gegen langweilige Harmonie.

Das kann störend wirken, sogar destruktiv.

Der Tod des Bruders, die Art und Weise, das war schwarzer Humor. Erinnerte an das englische Wort *pathetic*, das auch die Bedeutung von lächerlich hat.

In seinem Gesicht saß der Krebs, er hatte Hamsterbacken und sah sehr komisch aus. Ein Todgeweihter, mit geöffnetem Mund. Unheimlich, peinlich, albern, alles auf einmal.

Dieses Gesicht, sagte jemand, sei wie eine Zeichnung. Es erinnere an den Stummfilm.

Tatsächlich, seine Idee liegt gestochen scharf im Inneren vor.

Es darf nur *so* aussehen, wie es geplant, vor*gezeichnet* ist, nach eigenem Entwurf. Deshalb die Panik bei jedem Fernsehinterview.

Am schönsten ist es, wenn es geschminkt ist. Das ist das erste Gesicht.

Das zweite ist das ungeschminkte Gesicht und das dritte: der Totenschädel.

Alles im Leben ist überlagert von dem Gefühl, daß hinter dem Gesicht der Totenkopf sitzt.

Das Kleopatra-Gesicht stellt sich dazwischen, schützend.

Der Mensch ist das einzige Lebewesen, das ein Wissen davon hat, daß es sterben muß.

B. L., geb. 1940, Theaterregisseurin, lebt in Frankfurt am Main

Groß und klein

Gesichter: Weite, Offenheit. Das Bild hat mit Lachen zu tun, mit dem Mund, mit Witz, mit direktem Sprechen. Mit Feldern und Flächen, die ohne versteckte Winkel sind.

Eine Modeschöpferin: mit unkostümiertem Gesicht.

Dinge können schnell peinlich sein. Die Tränen sitzen locker. In der Berliner »Waldbühne«, während eines Kitschfilms, war es mal wieder so weit. Da drehte sich eine Frau herum, knipste ihr Feuerzeug an, lachte laut und rief ins Publikum: Mein Gott, die blöde Kuh hier heult. Das sind so die Situationen, in die man hineingerät mit solch einem Gesicht.

Im Tanzkurs hat nicht *ein* Mann je einen Blick dafür gehabt, zum Heulen. Kein Tänzer bei so einem Gesicht.

Das Hauptproblem lag bei der Nase. Die Nase war immer zu groß.

Deshalb die ewigen Versuche, sie sozusagen auf Biegen und Brechen zu einer anderen Form zu bewegen.

Die große Nase braucht auch einen großen Mund und große Augen. Diesen weiten, langen Mantel hier. Große Bewegungen.

Die Proportionen insgesamt mußten geändert werden. Dann sah es so aus, als ob das Ganze, eben alles, groß geraten wäre.

Es ging darum, hineinzuwachsen in das Gesicht.

Es gibt das genaue Gefühl dafür, wenn es verhärmt. Wenn der Mund klein wird, die Augen verkniffen werden. Und dann ist auch die Nase wieder da.

Unverhältnismäßig, riesig!

Mit so einem Gesicht versinkt man im Unglück, oder man holt aus sich heraus, was herauszuholen ist.

Die *models* betreten den Raum, und alle sinken vor ihnen in den Staub. Am Schluß einer Show verbeugen sie sich.

Der Applaus ist für sie, für die Kleider. »Ich verstecke mich, verschwinde in den Entwürfen.«

L. P., geb. 1956, Modeschöpferin, lebt in Berlin

Spazierengehen

Es gibt wunderbar deformierte Gesichter, zu lange, zu dünne oder zu dicke Nasen. Ganze Dramen sind da zu sehen. Dramen, in denen man gerne auftreten würde.
(E. de S.)

Unbeherrschtheit. Die Zwischenstufen scheinen zu fehlen, die Verhältnismäßigkeit ist nicht gewahrt.
(U. H.)

Danebengesetzt

Es gibt eine Asymmetrie der Gesichtshälften, das Gesicht sieht dann aus wie auseinandergezogen. Das hat die Komik des Clowns an sich. Das Schiefe, das ins Ungleichgewicht Geratene. Er will sich auf einen Stuhl setzen und setzt sich daneben. Er verfehlt die Situation, vermeidet das Naheliegende. Etwas ist zu groß oder zu klein, zu laut oder zu leise.

Ein Staunen darüber, was einem widerfahren kann.

Was einen hier sein läßt und nicht dort.

Tatsächlich, manchmal sitzt die eine Braue wie die Braue eines Clowns über dem Auge, sie rutscht nach oben und sieht besonders gerundet aus. Das ergibt dann ein lachendes und ein weinendes Auge.

Dann kommt noch die Nase dazu, eine Knollennase! Mein Gott, der große Mund.

Das krause Haar! Nicht zu bändigen. Während der Pubertät die Versuche des Friseurs, es zu glätten, dann kam ein Regentropfen, ein bißchen Nebel, die teure Pracht war dahin.

Irgendwann war Schluß: Das Haar ist kraus – aus.

M. V., geb. 1949, Verlagsleiterin, lebt in Frankfurt am Main

So gesehen: ein Hindernis

Aussehen. Oder was man so dafür hält. Wie man glaubt auszusehen. Das Bewußtsein davon rutscht immer wieder weg, es rutscht weg.

In der Kindheit lange Spiegel-Sitzungen, sie hatten den Zweck, sich selber festzustellen. Daß die Lippen *so* und die Augen *so* sind. In der Pubertät gab es Momente, wo sogar das Spiegelbild fernrückte. Fremd entgegenstarrte. Ein Gesicht wie wahnsinnig geworden. Sinnzerstört.

In einem Film von Alexander Kluge wird eine Frau aus solcher Nähe aufgenommen, daß ihr Bild in völlige Auflösung übergeht.

Unter diesem Bild, das es auch als Foto gibt, steht das Wort »mutig«.

Das Gesicht tut Dinge, über die das Bewußtsein keine Kontrolle hat. Von denen man nichts weiß. Es steht in keiner Verbindung zum Rest der Person, zu ihren Stimmungen und Zuständen. Es zeigt mit einer unbekannten Intensität andere emotionale Vorgänge.

Es ist nicht *zeitgleich*.

Am häufigsten passiert das im Theater. Das Theater arbeitet an der Entfernung von den Gedanken.

Das Gesicht ist am Körper die durchlässigste Stelle für diese Erfahrung.

Das Schwierige an *diesem* hier ist seine Unbeherrschtheit.

Wenn es erstaunt ist, ist es über die Maßen erstaunt. Mehr als nötig. Wenn es erschrocken ist, dann immer ein wenig zu *sehr*. Freude: meistens überzogen.

Eine Undiszipliniertheit, die grundsätzlich als Mangel angesehen wird.

Die Zwischenstufen scheinen zu fehlen, die Verhältnismäßigkeit ist nicht gewahrt. Dadurch entsteht in der Beziehung zu anderen Menschen schnell eine zu große Nähe. Der Raum wird rasch sehr eng.

So gesehen ist das Gesicht ein Hindernis.

Die Empfindungen treten zu früh oder zu spät, zu groß oder zu klein auf das Gesicht. Setzten Risse und machten ein altmodisches Gesicht daraus.

Expressiv, unbeherrscht, ungezügelt.

Ein *physiologisches* Gesicht.

Andere kommen schwer damit zurecht. Aber sie fühlen sich auch angezogen.

Das Gesicht ist, ja, wie ist es? Eigenmächtig?

U. H., geb. 1950, Theaterwissenschaftlerin, lebt in Berlin

Greta Garbo oder Immanuel Kant

Das Haar muß nach hinten fallen, in der Horizontale nach hinten, wie eine Fluchtbewegung.

Es geht um die Vorstellung, nach vorne zu schauen oder auch mit dem Kopf im Wind zu sein. Dorothy Arzner: der Frauenkopf hinter der Kamera. Der verlängerte Blick, das Kameraauge.

Das Wort »windschnittig« (eine Phantasie der Faschisten).

Die protestantische Variante: Man ist bereit, seinen Kopf hinzuhalten.

Deshalb ist das Schwein ein so schönes Tier, es hat einen Rüssel: eine vorgeschobene Nase. Das Schwein ist nackt, dick, ohne jede Verbrämung. Es ist schön *und* häßlich, mit einer Haut wie Menschenhaut. Der Rüssel geht nicht vornehm auf Distanz, sondern schnüffelt in den Sachen herum. Mit einer Schnauze, weich und feucht, die die Beweglichkeit einer Ziehharmonika hat.

Kindliches, manchmal. Trotzdem Kontur, viel Kontur.

In der Liebe geht eine Energie durchs Gesicht hindurch und auch durch die Kontur. Es leuchtet und hat keine Festigkeit mehr. Aber nicht oft. Als würden Autonomie und Einzelkämpfertum und »Geistes«haltung immer im Hintergrund warten.

Es gibt so wenig andere brauchbare Modelle, in dieser Welt.

Schwierig, über das eigene Gesicht zu sprechen. Flüssig zu reden. Man hat es nicht gelernt.

Es gibt da ein Gefühl. Im eigenen Körper nicht zu Hause zu sein. Im eigenen Gesicht auch nicht. Nicht richtig drinzusitzen, in der Haut.

Man kann sich lange schon nicht mehr wie ein Kind aufgehoben fühlen
in der Welt.

Also kriegt sie nicht das, was eigentlich da ist. Die ganze Person. Das, was unter der Haut liegt. Das, was darunter pulsiert. Lebendigkeit. Das, was die neugierigen Fragen stellt.

Man läßt die Welt ein Stück weit draußen vor der Tür: zeigt ihr ein beherrschtes Gesicht.

Ausdruck, der sich zu weit vorwagt, läuft auf Schutzlosigkeit hinaus: auf eine Form der Weiblichkeit, die man nicht leben kann, nicht wollte.

Man wußte doch gar nicht wirklich aus sich heraus, ja, man weiß doch einfach nicht, wie Ausdruck aussehen könnte.

Wie?

Ihn *kreieren,* auf welche Weise?

Mit dem Kopf in die Männerwelt vertieft.

Das Gesicht ist Teil dieser *Mühsal.*

Sehr früh schon eine tiefe Ratlosigkeit: Welches Gesicht war fürs Leben geeigneter, das von Greta Garbo oder das von Immanuel Kant? Welchem von beiden sollte nachgeeifert werden?

Für diese Frage gab es keine Antwort. Kam es darauf an, Entscheidungen dieser Art zu treffen?

Auf jeden Fall kann von harmonischen Verhältnissen nicht gesprochen werden.

Weiblichkeit? Das klang immer zu sehr nach einem Defizit: weder zu den Heroen der Prärie noch zu den Heroen der Geistesgeschichte gehören zu dürfen. Wie Mutter zu werden oder wie Vater? Dann doch lieber wie der große Bruder.

Ein »Herr« sein?

Dieser Gedanke tauchte plötzlich auf beim Anprobieren eines Männerhutes. Eine bestimmte Geste des Auftretens war daran geknüpft. Exklusivität? Jedenfalls, ein Bild von hohem Reiz.

Es wurde anprobiert und ausprobiert. Das Spektrum der männlichen Rollenbilder, die philosophischen Weltentwürfe.

Letztlich, *auch* keine Perspektive. Deshalb aber weiblich werden?

Zu Hause hatte es geheißen, das Gesicht sollte etwas Beseeltes ausdrücken. Sollte wahrhaftig aussehen, hatte menschlich zu wirken.

Der Gedanke, daß es eine Bühne, eine Bühnen*show* sein könnte, war ganz und gar verwegen.

Diese Verleugnung ist bis heute wirksam geblieben. Spiel, Kreativität: ein *Tabu*. Die Gedanken kreisen immer um die Emanzipation, um den Protest und die Geradlinigkeit.

Ein verräterischer Mund. Muß vermutlich am weitestgehenden diszipliniert werden. Er hat sich, mehr als die anderen Teile des Gesichts, einen Ausdruck bewahrt. Selbst wenn er nicht spricht, ist er da. Als Schauplatz. Er sagt, daß er nicht sprechen konnte, aber sprechen wollte, es dann aber doch lieber sein ließ. Reden, wie reden? Nicht reden. Doch reden.

Er ist Mitspieler einer Unruhe. Er kontrolliert, und er legt bloß. Krumm und schief in seiner Zerrissenheit.

Wie er sich verzieht in seiner Ratlosigkeit. In seiner Hin- und Hergerissenheit. Will vielleicht etwas verraten.

H. Sch., geb. 1943, Filmwissenschaftlerin, lebt in Frankfurt am Main

Wie es *ist*

Frausein: vermutlich der Glaube an die eigene Anziehung, an Macht und Sexualität und an das hiesige Leben, bis zum letzten.

Für all das sind die Augen zu klein, zu schweinsäugleinartig. Die Nase ähnelt einer Kartoffel, die Backen sind zu gerötet und zu knuffelig. Die Brauen zu buschig, das Kinn ist nicht markant, der Teint unausgeglichen. Der Mund könnte sinnlicher sein.

Es ist, wie es ist. Unscheinbar.

Ein Abtauchen. Sich Wegbewegen, wie ein Natur-Kind. Oder wie jemand, der eine Tarnkappe trägt.

Auf Kinderfotos so rund wie ein großer Apfel.

Gesundheit des Apfels, anstelle der Schönheit von Schneewittchen! Schwarzes Haar, elfenbeinfarbene Haut, ein edler Anblick sein. Kühl, elegant.

Was bleibt, sind die rauschartigen Verkleidungen. Ein sich Hineindenken in andere Leben, andere Gesichter. Sich schöner, sicherer fühlen durch sie. Wichtig und erotisch. Entflohen.

Auf der Bühne, immer »das Mädchen«. Das sehnsüchtige, das mißbrauchte Kind. Die Johanna. Niemals die Frau.

Was ist das, eine Frau. Die Tür ist zu! Ein Weibchen?

Verführerin? Da wird das Gesicht ganz herb. Und bockig. Es wird zum Triumph über *die Frau*.

Es sagt: Lieber ein Mensch sein.

Ja, wahrscheinlich eignet es sich mehr zum Menschsein als zum Frausein.

Dieser Hang zur Ehrlichkeit!, der den *Eros* vertreibt. Ferner, unerreichbarer Fetisch.

In manchen Momenten das Gefühl einer Verbrüderung mit allen Häßlichen.

Th. A., geb. 1951, Schauspielerin, lebt in Wien

Der Mund: die Sprache

Es gab einen Augenblick, da ist das Gesicht zum ersten Mal wirklich sichtbar gewesen. *Einsehbar.* Es zeigte, daß es vorher jung war und nun älter wird.

Dieser Blick deutete auf eine Veränderung hin, war ein Abschied, ein Augenblick der Genauigkeit. Er sagte: Das bist du.

In das Taylorsche System der Kindheit, in seinen Puritanismus, hat ein solcher Blick nicht hineingepaßt. Ein eisernes Gesetz war gebrochen worden. Es war etwas geschehen, das nichts zu tun hatte mit Wirkungen, Zielen oder Absichten.

Trotzdem, meistens wird nach einem Grund gesucht, um in den Spiegel zu schauen. Wenn Pickel da sind. Oder zur Überprüfung der Augen, die etwas schwach sind.

Schminken ist lästig, Tünche, man muß sich ununterbrochen damit beschäftigen. In kleinen Falten setzt sich die Farbe ab, bildet Tümpel.

Der Vater bestand darauf, das Gesicht häßlich zu finden. Aber er hat es nicht geschafft, es anzutasten, es wirklich zu treffen.

Es hatte längst begonnen, ein Privatleben zu führen.

Es ist nicht das Gesicht. Es ist die Sprache! Also doch das Gesicht, Sprache kommt aus dem Mund.

Die Augen? Nicht die Augen, sondern der Blick. Genau hinschauen, klaren Blick bewahren.

»Für mich, für dich, für alles.«

Meret Oppenheim hat einmal gefragt, wie sie aussehen müßte, *die Frau,* die Traumfrau. Eine Schwarze müßte es sein, groß, schlank, mit einem schön geformten Schädel, giftgrünen Augen und den sanftesten Hüften, die es gibt. »Paß auf«, sagte Meret, »daß sie dir nicht wirklich begegnet!«

Aber es gibt auch überhaupt nichts einzuwenden gegen eine Frau, die Schnurrbart trägt. Wenn er ihr steht.

B. C., geb. 1944, freie Journalistin, lebt in Berlin

Regieanweisungen

Als Telefonistin: routiniert. Ein netter Anruf, die Augen lachen, sind zugänglich. Unangenehmer Anruf, spitzer Mund! Harte Stimme. Die Augen verkleinern sich, gehen in Habachtstellung, werden wach. Die Muskeln *angezogen.*

Zwei Masken, die austauschbar sind.

Das Gesicht ist nicht lieb, eher herb, maskulin. Kastenförmig. Die breiten Wangenknochen, der schmale Mund. Ein robustes Gesicht. Es verunsichert die Frauen, sie mögen es nicht.

Harter, durchdringender Blick. Undiplomatisch. Läßt die Bombe hochgehen.

Kein weiblicher Blick, groß aufgeschlagen und getuscht.

Ein Vater, der vernarrt war in das Kindergesicht. Hobbyfotograf, der manchmal einen halben Tag lang fotografiert hat und Regieanweisungen gab: Komm, wir machen *das* mal! Nein, so. Kopf höher. Nein, mehr zur Seite. Die Haare liegen nicht richtig. Jetzt lachst du komisch. Die Augen. Was ist mit den Augen.

Es gibt vielleicht zwei, drei wirkliche Gesichter. Also nicht nur eins.

Das maskuline, das weiche Gesicht, butterweich in der Liebe. Und das unbekannte Gesicht.

S. B., geb. 1969, Telefonistin, lebt in Andernach a. Rh.

Nicht Frucht, sondern Waffe

Das Gesicht zerfällt: in Einzelteile, tiefenlos, ebenmäßig und weiß. Die Stirn sei zu hoch, sagte der Vater.

Denken, das sich um Klarheit bemüht. Reden. Und dann passiert es, daß die Gespräche der anderen abbrechen. Als ob ihnen der Schwung genommen wird. Ein hochdeutsches Reden, dialektfrei. Das Gesicht verdoppelt diesen Effekt.

Das Ablegen der Brille ist schlimmer als sich nackt auszuziehen. »Brille« heißt Durchblick. Ohne sie sind die Augen schwach und fangen an zu schielen. Sie flattern herum, gehen ihre eigenen Wege oder tun weh. Sie sind nicht verläßlich. Die Brille stabilisiert den Blick. Sie befestigt die Augen.

Ohne Brille zu sein heißt, intim zu sein. Die Karten liegen auf dem Tisch: Akt der Unterwerfung.

Die Augen sind allmählich immer kleiner geworden und tief in die Höhlen zurückgegangen.

Weiblichkeit? Eine Gratwanderung.

Der Frauenkörper ist an sich schutzlos. Das Gesicht verlangt nach einer Maske. Nach Lippenstift beispielsweise, einem roten Balken.

Der Mund ist keine Frucht, sondern eine Waffe. Viel zu weiblich, wenn er ungeschminkt ist. Ohne künstliche Farbe: anfällig, diffus, unentfaltet.

Dieser Balken, bemalter Mund, verhält sich wie eine Brille. Gibt dem Gesicht einen Halt.

Festungen. Sie stützen. Und beglaubigen.

Seltsamerweise zeigt sich nichts von all den Erfahrungen des Lebens, von den vielen Tätigkeiten, den einschneidenden Entscheidungen im eigenen Gesicht. Nichts von dem, was *Ich* genannt werden könnte: die Frau, die Künstlerin, die Zeitgenossin. Das Gesicht bleibt wie neu. Ein Blick in den Spiegel, und es ist neu. Immer wieder neu. Jeden Morgen.

Auch auf Fotos: nicht zu erkennen. Nicht zu sehen. Wie kann man sich überhaupt sehen? Wo? Erkennen, wie? Sieht jeder das eigene Gesicht genauso, wie es die anderen sehen?

Vermutlich nicht. Wo es doch für einen selbst nicht mal erkennbar ist.

B. M., geb. 1959, Theaterregisseurin, lebt in Berlin

Der Herd, die kleinen Öfen

Das Gesicht ist ein Werkzeug für den, der am Theater arbeitet. Es geht darum, etwas aufzubauen und es gleichzeitig *weg*zutun.

Weg mit der Gestik, weg mit Ausdruck und Mimik. Die Natur des Menschen ist so beschaffen, daß sie zudeckt. Immer wieder zudeckt. Der Schauspieler muß das Gegenteil tun, um zu sehen, was bleibt. Seine besten Momente sind die, wo er müde wird, wo er abbaut.

Er hat wochenlang geprobt, der Satz will nicht richtig kommen. Er hat dazu getan und dazu getan. Aber nichts ist daraus geworden. Jetzt kann er nicht mehr. Und plötzlich kommt der Satz, wie er sein soll. Er stimmt, er ist da.

Genauso ist es mit dem Gesicht. Dein Herz. *Anima.* Das Weiche, das Durchsichtige. Darum geht es.

Ein dünner Faden, nicht mehr.

Was man zu lernen hatte, war, nicht nur die Schönheit des Gesichts zu wollen. Abstand zu halten von allen Formen der Koketterie. Vom Schwung der Haare, von dem, was Männer lieben.

Herausfinden, was bleibt. Abschaben, abtun. Da ist es dann egal, daß plötzlich eine Narbe deutlicher zu sehen ist. Und daß vielleicht die Stirn zu kurz geraten ist.

Ein Kinderarzt hatte gesagt: Dieses Kind ist mongoloid. Auf einem frühen Foto ist ein ganz kleines Gesicht zu erkennen, unendlich häßlich, es hat viele Falten. Einen sehr dicken Mund. Winzige, schwarze Mandelaugen. Es ist das noch zusammengefaltete, das komprimierte Gesicht.

Eine Regisseurin meinte einmal: Du kannst sehr schön sein, aber auch sehr, sehr häßlich. Häßlich wie ein Rabe.

Was bedeutete das, wie sah ein Rabe aus? Konnte man ihn auf dem Gesicht erkennen?

Auf Fotos vielleicht? Auf vielen Fotos, besser und besser? Auf den Bildern aus den Automatenkabinen?

Und, tatsächlich, dieses Gesicht ist manchmal zum Kotzen. Potthäßlich! Es hängt nach unten, ist geschwollen. Alt.

Häßlichkeiten, in denen Vater und Mutter zu sehen sind, das Gesicht des Vaters zieht nach unten. Beide haben geschwollene Lider und Tränensäcke, die Mutter hat die Häßlichkeit der Frustrierten und ihre Verbissenheit.

Der Teint wird grau werden. Man übernimmt von den Eltern *alles*. Ist besser als sie, aber auch schlechter. Eine Steigerung ist es immer.

Es gibt wunderbar deformierte Gesichter. Skurril, witzig. Es sind per se Theatergesichter, zu lange, zu dünne oder zu dicke Nasen.

Überzeichnungen.

Ganze Dramen sind da zu sehen. Dramen, in denen man gerne auftreten würde.

Schatten, es sind Schatten, wie man sie bei sich selber kennt.

Als Hautprobleme zum Beispiel.

Wie diese Schuppenflechte: Sprache des Inneren. Die Haut schafft sich einen Panzer, wird dadurch dicker. Dante hatte diese Krankheit auch. Ein Überschuß der Emotionen.

In Deutschland kann man lernen, den Überdruck zu halten. Lernen von der Ruhe, von der Gehaltenheit der Züge.

Die Schuppenflechte zeigt das Feuer, den Herd, die kleinen Öfen. Das Kochen, im Inneren. Die Hitze steht im Gesicht. Das Hauptproblem sitzt in der Stirn, zwischen den Augen. Etwas will heraus und kann nicht. Verbrennung, die auf Hochtouren läuft.

Das Gesicht fängt an zu atmen, wenn es sich von seinem mimischen Repertoire gelöst hat. Ein Glück, das dem Schauspieler zufällt.

Als Agathe in Jean Cocteaus *Kinder der Nacht*. Irgendwann kennt man sie, die Agathe. Weiß, wie sie denkt. Ist zu dieser Frau geworden, bis in die Einzelheiten hinein.

Spricht mit anders geformten Zügen. Fühlt in diesen Augenblicken, wie das fremde Gesicht *arbeitet*.

Wie es handelt, wie es sich bewegt und auszusehen hat.

Viele schöne Blicke, täglich. Die Männer mögen dieses Gesicht. Manchmal schaut einer es an und tut dann so, als hätte ihn der Blitz getroffen. Kann es aber schwer ertragen, selbst auf diese Weise angeschaut zu werden. Warum? Vermutlich, weil das weibliche Verlangen spürbar wird. Die heimliche Inbesitznahme der Männlichkeit: der Herrschaftsanspruch.

Und die Versuchung, die es für dieses Gesicht bedeutet, nach außen hin ein hybrides Bild abzugeben.

Und genau das ist es, was im Grunde unser aller Einsamkeit ausmacht. Keiner weiß, kein anderer, wie wir wirklich sind. Und wir wissen es am allerwenigsten.

E. de S., geb. 1954, Schauspielerin, lebt in Frankfurt am Main und Rom

Terra incognita

Das Gesicht kann sehr, sehr häßlich sein. Böse. Furienhaft. Männlich.
Entglitten.

Eng, hexenhaft expressiv. Grimassierend. Rote hektische Flecken. Die Augen stehen keinen Moment still. Kampf. Diese beiden Falten hier. Schon mit zwanzig.

Harakiri.

Schillers Regieanweisungen: Luise, von Schauern ergriffen.

Und es kann schön sein. Jung. Ruhig. Groß. Der Mund, wie eine aufgegangene Blüte. Alles scheint größer zu sein, als es ist. Geweitet.

Ein Gesicht, das Nein sagen kann. Zur Karriere. Zu Dingen, die nicht gut sind.

Schwarze Kleider, fließendes Haar. Haltung: der Versuch, möglichst klassisch auszusehen. Die Inszenierung von Größe und Vornehmheit. Herrschaft.

Dabei stand das Gesicht immer außerhalb, ein blinder Fleck. Eher gab es Tränen. Und Nervosität. Wenn es schwierig wurde.

Eine *terra incognita*. Kindlich, verwirrt.

Ein Teil von früher. Teil dieser engen Welt, vierzig Quadratmeter, eine Hausmeisterwohnung. Ohne ein eigenes Zimmer.

Es spielt nicht mit, das Gesicht. Bricht zusammen und straft die ganze vornehme Inszenierung Lügen.

E. L., geb. 1952, Schauspielerin und Regisseurin, lebt in Hamburg

Formen und Visiere

Entsprechend ist das Gesicht immer in Bewegung, ein »ent-spanntes«, ein »bedenkliches« oder ein »besorgtes« Gesicht. Es begleitet den Kunden durch das ganze Gespräch, bietet Erklärungshilfe, bereitet ihn auf ein neues Thema vor.
(G. W.)

Es hat sich auf einen bestimmten Ausdruck eingependelt. Eine Art Ruhezustand. Nullpunkt. Von da aus liegen alle anderen Ausdrucksweisen gleich weit entfernt.
(H. K.)

Manager, Bürgermeister, Funktionäre müssen die Kunst der Verstellung beherrschen.
(P. G.)

Beispiele aus dem Schadensbereich

Das Gesicht eines Kunden ist äußerst aufschlußreich. Ist es offen?
Abwartend? Verschanzt es sich? In diesem Fall also nicht zugänglich
für ein Verkaufsgespräch. Man hat es mit einem unwilligen Zuhörer zu
tun. Akustisch nimmt er alles auf, in Gedanken ist er woanders.

Es geht nun vor allem darum, dem Gespräch eine interessante Wen-
dung zu geben. Das Gegenüber im Visier zu haben. Und den Kontakt
zu seinem Gesicht ununterbrochen aufrechtzuerhalten.

Lernen, in ihm zu lesen, zu erkennen, sofort, wenn man auf dem
Holzweg ist. Oder Langeweile aufkommt.

Bei abschlägigen Mitteilungen sind allein schon die Mundwinkel ent-
scheidend. Sie zeigen, ob der andere böse reagieren wird, glimpflich
oder sogar verständnisvoll.

Das ist Instinkt!

Entsprechend ist das eigene Gesicht immer in Bewegung, ein »ent-
spanntes«, ein »bedenkliches« oder ein »besorgtes« Gesicht. Je nach
Situation wird es eingesetzt und begleitet den Kunden durch das ganze
Gespräch, leistet Erklärungshilfe, bereitet ihn auf ein neues Thema
vor. Es geht zum Beispiel um Fälle im Schadensbereich, um Woh-
nungseinbrüche, Autoreparaturen. Die Mimik unterstützt die ange-
sprochenen Punkte. Eine verläßliche Mimik.

Das alles im Spiegel zu sehen, diese ganze Veranstaltung, ein Spiegel in der Nähe, nein, das wäre äußerst unangenehm.

Ganz davon abzuraten ist, wichtige Gespräche am Telefon zu führen.

Einfach deshalb, weil das Gesicht des Gegenübers nicht zu sehen ist. Allerdings, bei den Chinesen, Japanern, Thailändern versagt die Menschenkenntnis. Plaudern geht noch, aber abzuschätzen, welche Reaktionen kommen werden, das schafft man nicht.

Sehr freundlich und ausgesprochen bereit, gut zuzuhören, sind dagegen die Schwarzen, genau das Gegenteil der Asiaten.

Ganz allgemein ist das Gesicht ein Sorgenkind wegen seiner überempfindlichen, seiner ausgetrockneten Haut. Das Rasieren tut weh, die Haut ist krank.

Ein *umgekehrter* Dermographismus: Wenn man mit dem Fingernagel einen Strich über die Stirn zieht, dann ist der Strich nicht rot wie bei anderen Menschen, sondern weiß.

Die Unterhaut ist entzündet, befallen ist das ganze Gesicht.

Einzig der Mund funktioniert, tut seine Arbeit, er spricht. Handwerkszeug.

Nicht immer kann man die Wahrheit sagen. Das wäre undiplomatisch. Aber körperlich und im Gesicht zeigt sie sich, unübersehbar. Es zeigen sich die Gedanken. Das sollen sie auch. Es steht ihnen zu.

Trotz allem, die Form muß gewahrt bleiben. Die Höflichkeit. Das heißt, man schüttet dem anderen die Kaffeetasse *nicht* über den Kopf.

Neulich im Café Möhring, ein menschliches Ferkel. Aber dieses Gesicht, das hat es ihm gezeigt. Daran konnte er alles ablesen. Daran konnte er sehen, wie ekelhaft er sich verhalten hat.

Eigentlich hätte man. Man hätte handgreiflich werden müssen. Es blieb nur das Gesicht. Das einzige Mittel, um ehrlich zu bleiben, an dieser Stelle wenigstens. Das Gesicht sprach Bände.

G. W., geb. 1931, Versicherungskaufmann, lebt in Berlin

Les étoiles et moi

Ein Gespräch mit dem Spiegel. Wer bin ich? Was mache ich hier auf der Welt? Wo gehe ich hin, wenn mein Körper unter der Erde ist? Dafür gibt es keine wirklichen Antworten.

Die islamische Religion sagt, ein Mensch muß sauber sein. Er muß liebenswert und friedfertig sein, muß Allah verehren. Muß gesund als Körper sein und gesund für seinen Gott. Kein Schweinefleisch essen, nichts Alkoholisches trinken.

Weiß man denn, ob das Leben immer da sein wird, ob es uns immer gibt? Deshalb muß man soviel nachdenken, muß über sich Bescheid wissen und sich ins Auge schauen.

Mit dem eigenen Gesicht reden. Es prüfen. Ihm Fragen stellen. Wie sieht man selbst es, und wie sieht es Allah? Beides erkennen und den Unterschied überdenken.

Oft, wenn etwas nicht gut gelaufen ist, ist es besser, am Spiegel vorbeizublicken. Und die Augen zu senken, den Spiegel zu meiden.

In guten Momenten spricht der Kopf mit dem Herzen: Das Gesicht ist eine Schaltstelle zwischen beiden. Das fließt von oben nach unten und von unten nach oben, wie Strom. Negativ – positiv, negativ – positiv. Und wenn das Gefühl bei positiv stehen bleibt, ist das Gespräch zu Ende. Der Spiegel hat seine Aufgabe erfüllt.

Die Augen sind etwas klein, vielleicht müde. Ob sie offen oder geschlossen sind, macht manchmal kaum einen Unterschied. Dann sind sie nur so groß wie ein Spalt. Wenn man denkt, das heißt, nach innen schaut, sind die Augen immer etwas zusammengezogen. Auch beim

Gebet. Und in der Liebe. Vor lauter Konzentriertheit fangen sie an zu vibrieren, zu glimmen.

Manchmal, am Abend, mitten in der Stadt, ein Ausruhen auf einer Bank, lang ausgestreckt.

Mit großen Augen, ein Hochschauen zum Himmel. Dann ruhen die Augen aus: *il y a seulement les étoiles et la lune et moi.*

Vor den Gebeten, fünf Mal am Tag, werden die Hände und Füße, die Ohren, die Haare, die Nase und das Gesicht gewaschen. Manchmal ist das Gesicht etwas schwer. Das kommt vom vielen Ärger. Von all den Dingen, für die es keine Lösung gibt. Nach dem Gebet ist alles weg. Der Schmutz ist draußen, schon vorbei. »Okay, jetzt kannst du dich sehen lassen.«

Manchmal sitzt da eine Traurigkeit, sie sitzt in den Augen. Wer ist man schon? Ohne Eltern, ohne Bruder in dem fremden Land. Sieben Jahre bereits. Da fehlt einem was.

Ob andere Menschen auch so sind? So wie man selbst? Sie lachen und haben genau solche Hände und Füße. Aber ob sie deshalb schon Ähnlichkeit mit einem selber haben?

Die Gesichter, sind es die Gesichter von Menschen? In den Straßen sieht man nicht-menschliche Menschen. Eigentlich also doch ganz andere Wesen.

Die Franzosen kennen uns Nordafrikaner besser als die Österreicher, sie waren Väter, die Kolonial-Väter. Hundertdreißig Jahre lang.

Die Österreicher starren, hemmungslos, plündern einen mit den Augen aus. Die alten Leute lassen einen mit ihren Blicken nicht los. Die

Kinder, die hier aufwachsen, werden ängstliche Kinder sein, die sich überfordert fühlen.

Die Gesichter in diesem Land sind *unschuldig*. Sie haben nichts gelernt. Niemals haben sie sich die Frage gestellt, was es für sie bedeutet, ein menschliches Gesicht zu sein.

Fragen, Antworten, immer wieder andere Antworten: Das kennen sie nicht. Hundertprozentig kennen sie das nicht. Ihre Gesichter sind geschlossen, ihre Körper, als ob sie Handschellen trügen.

Sogar beim Tanzen, in der Disco.

»Ich tanze, ganz locker, sehr einfach. Die Leute weichen vor mir zurück und lassen mich nicht aus den Augen.«

A. K., geb. 1963, Automechaniker und Tänzer, lebt in Wien und Sidi bel Abbes (Algerien)

Smoothing filters

»Wir waren arme Leute, in gewissen Gegenden von Österreich sind die armen Leute immer unschön.«

Zum Glück gibt es die Phantasie. Und es gibt Spiele.

Spiele, in denen man groß und schlank und unübersehbar ist, ohne diese Locken auf dem Kopf. Dann ist das Gesicht klar geschnitten, mit scharf gezeichneten Zügen. Soldatisch und hart. Das Ganze macht den Eindruck, als wäre das Leben ein Klacks. Man ist auf alles vorbereitet. Unantastbar. Der Verstand ist beweglich, schnell.

Mit einer Freundin die immer gleiche Szene.

Es wird gespielt: Major und Oberleutnant. Die eine ist der Major und die andere der Leutnant. Figuren. Selbstbilder.

Dann kommt die zweite Freundin, eine Malerin, und rückt einem mit ihren Karikaturen die Wirklichkeit wieder vor Augen: Kurz und dick, kein Geschick, betitelt sie die Zeichnungen.

Dann malt sie einen Kopf, und darunter steht das Wort: Krauses Haar, krauser Sinn.

Schwarz ist mit Abstand die schönste Farbe: *auch* ein Stück Major. Bewußt, unbewußt.

Viel wichtiger als Mode ist das persönliche *styling,* die Brille, das Fahrrad, die Armbanduhr, die Schuhe.

Wer das nicht gefunden hat, wer nur häßliche Dinge zustande bringt, der kann auch kein guter Schriftsteller sein. Das geht nicht zusammen, da stimmt etwas nicht!

Die Augen sind treuherzig, etwas naiv. Nicht gescheit, nicht schnell von Begriff. Weil die Neigung da ist, sich lieb und ungefährlich darzustellen. Dann werden die Augen klein und unbestimmt. Ihr Ausdruck geht in Richtung: Ich will ein Kind sein.

Hier in Österreich ist man eine große Familie.

Wenn das Geld fehlt, geht man zum Ministerialrat wie zu einem Vater. Herr Ministerialrat, es gibt da eine sogenannte *sound*-Karte, für den Computer. Um komponieren zu können. Ein Zögern, dann: Ich fahre niemals in Urlaub, heutzutage kann sich eine Sekretärin schon Ceylon leisten.

In solchen Augenblicken wird die dazu passende Stimme gemacht und ein entsprechendes Gesicht. Der Kopf wird lieb ein bißchen schief gehalten. Die Brille dabei nicht abgenommen, sie ist ein Schild, sie macht einen *cool*.

Wichtiger als die Beziehung zum eigenen Gesicht ist die Beziehung zu den Gesichtern anderer. Am Computer werden sie zerlegt, in Teilstücke. Und dann die Abweichungen studiert.

Projektionen. Gesichter und Bilder von Gesichtern.

Hervorgerufen durch Bewegungsunschärfen, die Gesichter werden umgestaltet. Korrigiert.

Schöner und schlanker gemacht, wenn sie zu dick sind. Die Falten verschwinden, einfach so: mit *smoothing filters*.

Oder, dieser Zahn, der ein bißchen herausschaut. Das macht der sogenannte Schmierfinger. Die umgebende Farbe wird anders eingestellt, weg ist er!

Weichheit und Härte, man braucht beides, sie gehören zusammen.

»Schon vor Auschwitz ist kein Gedicht mehr möglich gewesen.« So ein Satz löst natürlich Erschrockenheit aus. Die Kollegen, die mit auf dem Podium sitzen, stehen Kopf, und das Publikum wird unruhig. Für solche Augenblicke werden Sensibilität *und* Härte gebraucht. Wenn man Glück hat, spielt das Gesicht mit.

Es unterstützt mit seinem Ausdruck den klaren Gedanken, wird selber klar.

Wenn das auseinanderfällt, dann erst wirkt man auf andere radikal. Die Situation rutscht weg. Weil die Wahrheit nicht richtig *sitzt*.

L. U., geb. 1939, Schriftstellerin, lebt in Wien

Das Ohr. Das unbewußte Gesicht

Sich morgens im Spiegel anzuschauen, hat den Charakter einer Beruhigung: Es gleicht einem Morgengebet.

Als müßte man sich seiner selbst vergewissern. Ja, als würde man auf diese Weise seine Gestalt, die in der Nacht verlorenging, wiederfinden.

Die kosmetischen Verrichtungen als Vorwand.

Um sich das Gesicht zurückzuerobern. Sich selbst.

Der Spiegel hat die Bedeutung, *Jetzt* zu sagen. Egal, welches Tempo die Innenwelt gerade hat und wohin sie sich bewegt. Der Spiegel gibt im Gegenwärtigen einen unausweichlichen Fixpunkt ab.

Ein Adapter, der die Ebenen zum Ausgleich bringt. Ebenen, die verrutscht, gegeneinander verschoben sind.

Das eigene Gesicht, kein Thema. Darüber gibt's nichts zu sagen. Das ist natürlich nicht wörtlich gemeint. »Aber trotzdem frage ich mich, was mein Gesicht und ein Tonbandgerät miteinander zu tun haben.«

Ein nicht-ansprechbares Gesicht. Ein gemachtes Gesicht. Und es funktioniert, allein durch die Kraft der Abstoßung. Es teilt dem anderen mit, daß es in Wahrheit woanders ist. Nicht von dieser Welt.

Es signalisiert: Du sprichst mich nicht an. Und macht dicht. Das geht ohne Aggressionen ab, ohne Drohgebärde. Die Augen schauen dabei dem anderen sogar ins Gesicht. Er hat keine Chance und geht vorbei.

Es ist wie im Traum. Man weiß, wie die Geschichte ausgeht.

Der ganze Kopf hat etwas seltsam Maskenhaftes, etwas Stilisiertes.

Gelegentlich eine Art der Vergewisserung: in Form von Stichproben.

Die Frage, auf welche Weise andere Leute dieses Instrument wahrnehmen mögen.

Ob es gegen seinen Willen eine unbewußte Botschaft weitergibt? Eigentlich soll es gar nichts sagen. Soll die Leute nur ansehen: *leer.* Gleichbleibend. Das ist vielleicht der wirklich natürliche Gesichtsausdruck. Vielleicht nur ein kurzer Augenblick: bevor man sich eine andere Maske aufsetzt. Wie in der Garderobe, in der Umkleidekabine. Der Moment, in dem die Maske wechselt.

Von Anfang an das Thema der Unsichtbarwerdung.

Schon im Kinderwagen. Die Mutter hat das Verdeck hochgezogen. Nach einem Jahr zum ersten Mal eine Art Vorführung. Das Gesicht war auf irgendeine Weise so beschaffen, daß es nicht mitziehen konnte mit den Gesichtern der anderen. Sie hatten eine größere Festigkeit. Es war unmöglich, einzubrechen in diese Gesichter. Sie hatten die Fähigkeit, sich zu behaupten.

Im Gegensatz dazu war dieses Gesicht nicht erfahren im Umgang mit sich selbst. Es war nicht eingeweiht in seine Wirkungsweise.

Es hatte etwas zu Offenes, etwas Unbedecktes.

Etwas Ängstliches. Es fühlte sich unbehaglich.

Jedenfalls, irgendeine Form der Sicherheit mußte es sich suchen. Irgendeine Rückzugsmöglichkeit, wohin auch immer. Und sei es in die Unsichtbarkeit.

Heute verfügt es über eine Reihe variabler Masken, die etwas Zwanghaftes haben.

Etwa das höfliche Gesicht. Ein Festhalten von *etwas,* das Zeichen für ein prinzipielles Einverständnis. Wie beim Telefon. Man gibt zu verstehen: Die Leitung ist frei.

Im Laufe der Zeit hat sich das Gesicht auf einen bestimmten Ausdruck eingependelt. Er scheint, mit Abstand, der natürlichste zu sein.

Eine Art Ruhezustand. Nullpegel.

Von da aus liegen alle anderen Ausdrucksweisen gleich weit entfernt.

Eine Ausgangsposition, die mit geringem Aufwand an Muskelkraft eingehalten werden kann.

Die Voraussetzung, möglicherweise, für eine realistische Wahrnehmung der Welt. Wenn nämlich das Gesicht für irgendeine Art von Ausdruck reserviert ist, kann es nicht spontan reagieren auf tatsächlich vorhandene Reize. Das unbewegliche Gesicht ist im Grunde das beweglichste. Es bedeutet ein Loslassen aller Ausdrücke und jeder Art von Mimik. Es ist frei.

Das *leergeräumte* Gesicht.

Ort der größten Empfangsbereitschaft. Ein Punkt, von dem aus alles erreichbar ist, auch die Extremwerte.

Die Wellen, die durch den Körper gehen, laufen aus im Gesicht. Hier finden sie ihre letztmögliche Ausdrucksform. Den Wahrnehmungen

wird eine äußerste Grenze gesetzt. Das Gesicht stellt eine *Endform*
dar. Eine Art Ausläufer. Außenposten.

Es ist die letzte Etappe, die das Innere auf seinem Weg nach außen
zu passieren hat.

Empfindung, die im Körper aufsteigt und sich exponiert im Gesicht.
Der Kopf als Skala.

Gesichtsausdrücke nachmachen und ihren Gefühlsinhalten nach-
spüren: Dann weiß man, was in anderen Personen vorgeht.

Oder auch das Ganze als Gedankenexperiment.

Vermutlich wird ein Gesicht durch nichts so sehr geprägt wie von der
Einsicht in die Vorhersehbarkeit der Dinge. Sie macht aus ihm einen
Gebrauchsgegenstand.

Der Gedanke: daß das eigene Gesicht niemals irgendwann von irgendeiner Situation überrascht worden wäre. Niemals vom Leben wirklich in Erstaunen versetzt wurde.

Das Profil gibt eine völlig andere Optik wieder als das Gesicht von vorn.
Es ist sich selber abgewandt, uns unbewußt. Die *dunkle* Seite des Gesichts.

Es ist wie mit den Planeten oder dem Mond. Oder wie im Theater,
wenn es heißt: beiseite gesprochen.

Man blickt auf ein im Grunde nicht anwesendes Gesicht.

»Von allen Organen meines Kopfes sind aus diesem Grund die Ohren
die für mich wichtigsten«: Sie gehören dieser unbewußten, nicht be-

obachtbaren Seite des Gesichts an. Profilorgane. Abgewandte Organe.

Ohren haben etwas Voraussetzungsloses, Unverschließbares. Sie sind an das ununterbrochene Kontinuum der Geräusche angeschlossen. Ohren sind Inszenatoren: von Weltwahrnehmung. Mit Mitteln, die den äußeren Bildern gegenüber gleichgültig bleiben.

Statt visueller Kontur die Wahrnehmung von Wellen. *Schwingungen. Tönen. Frequenzen.*

Deshalb hat dieses Gesicht in seiner Unwandelbarkeit etwas von einem unbewegten Gelände an sich. Die physiognomischen Organe haben nur eine geringe Bedeutung: Nase, Mund, Augen, Stirn etc. Eher undeutlich als deutlich. Drängen sich nicht in die Welt. Regie führen die Ohren.

So daß das Gesicht im Laufe der Jahre den Ausdruck des Lauschens angenommen hat.

Der Raum der Wirklichkeit ist auf diese Weise anders konstruiert. Es ergeben sich Abweichungen von der linearen Struktur. Er fällt aus dem definierten Rahmen heraus. Aus der Geometrie, Symmetrie, aus den Konturen. Die Menschen haben Angst davor, die Angst vor der Dunkelheit. Das Hören der Welt ist eine abgewandelte Gestalt der Dunkelheit.

Solange man Bilder sieht, ist es hell. Die optisch erdachte Wirklichkeit bietet ein Geländer zum Festhalten. Eine Hilfestellung, die vor dem Absturz bewahrt. Eine Topographie der umgrenzten Objekte. Orientierungspunkte. Im Grunde eine unbelebte Welt. Das heißt, die Augen verstehen nur das, was sie bereits kennen: Sie sind der Sitz des Vergangenheitssinns. Ein alter Keller, in dem das Bewußtsein festhängt. Der Blick baut sich Denkmäler, um sich zurechtzufinden. Statuen des Wiedererkennens. Er hat es immer mit Übriggebliebenem zu tun. Mit Restbeständen.

Seine zivilisatorische Dressur.

(An Optisches ist auch die Vorstellung von Männlichkeit gebunden. An Körpergröße, Stärke, Breite, an Phallus. An Eigentum und Familiengründung. An Autos und Straßen. Symbole der Sichtbarkeit.)

Dagegen hat das Ohr die Möglichkeit, diverse akustische Eindrücke autonom nebeneinander bestehen zu lassen. Es kennt keine Koordinaten, weder »unten« noch »oben«.

Jetzt zum Beispiel? Was kann man hören in diesem Moment? In diesem Café hier? Menschen, die sich unterhalten. Teetassen, klapperndes Geschirr und raschelndes Zeitungspapier.

In Wahrheit kann man *Atmosphäre* hören. Das ausgehende 20. Jahrhundert. Zeit. Fluidum. Sonntagabend.

Als würde dieses Gesicht der Wirklichkeit mit seiner abgewandten Seite gegenüberstehen.

Ein Um-die-Ecke-Schauen. Auf diese Weise nimmt es wahr, was sich unbeobachtet wähnt. Das, was mit einer Beobachtung nicht gerechnet hat.

Der andere sieht sich dem Auge ausgesetzt, nicht aber den Ohren. Deshalb gibt er unbedacht etwas preis. Er läßt es unbekümmert, ungeniert in den akustischen Raum fließen.

Es hat den Anschein, als ob diese Form der Wahrnehmung am Gesicht vorbei auf die Wirklichkeit gerichtet ist.

Die Kehrseite. Es kommt zu Mißverständnissen: den Bildern gegenüber. Ihre Bedeutungen scheinen schwer entzifferbar.

Bilder, die gewöhnlicherweise das Auge als etwas Primäres, Unveränderbares hinnimmt. Als Natur.

Dieses Unvermögen könnte man als eine Form der Kulturunfähigkeit bezeichnen. Diese Haltung der Unverfügbarkeit. Fast als eine Art Untauglichkeit.

Daß das Bewußtsein also durch die Bilder hindurchfällt.

Und man auf diese Weise ein im Leben *Durchgefallener* wäre?

Weiter weg und näher dran an der Wirklichkeit, je nachdem.

H. K., geb. 1963, Publizist, lebt in Wien

Kulissen, Fratzen, Zombies

Das Gesicht, ein Spiegel der Seele? Ein Zerrspiegel der Seele! Da in unserer Gesellschaft jeder Mensch verhaltensgestört ist, kann also auch das Gesicht kein Spiegel sein.

Das wars!

Das Gesicht: das ist das Gesellschaftssystem. Man sieht überhaupt keine Gesichter mehr, nur noch Fratzen. Nur noch schwerwiegende Zerstörungen.

An den Falten ist es zu sehen, an den tiefen Furchen. Daß die Menschen mit sich selber nicht zurechtkommen. Man sieht den Alkohol, und man sieht die Drogen. Auch die Arbeitssucht.

Allgemeine Entstellungen. Irreparables. Die Dressur.

Die Augenstarre! Der gepanzerte Blick. Das Leben hat sich davongemacht.

Augen sind fast nur noch Zombie-Augen. Das Augensegment, voller Totenstarre. Voller Nicht-Leben.

Das sieht aber nur der Kenner. Der sieht, wenn nur noch die Kulisse da ist! Bei den Politikern zum Beispiel. Die Politiker sind Schauspieler, sie erspielen sich ihr Gesicht und seine Wirkung. Durchgängig die schmalen Münder. Es herrscht der reine Intellekt, kein Mitgefühl. Gefühlsarm statt gefühlswarm.

Honecker, das knöcherne Gesicht.

Den Blick, der das erkennt, holt man sich nicht aus Büchern, sondern aus der Erfahrung.

Auch früher hat es keine anderen Gesichter gegeben. Es gab nie ein anderes System als das Sklavensystem! Heute fallen uns die Totengesichter zum ersten Mal auf: weil sich die Gesellschaft weiterentwickelt hat. Sie ist erkenntnisfähiger geworden. Sie erzeugt immer mehr Faschismus, kann ihn aber auch genauer sehen.

Sinnlichkeit hat mit Seele zu tun, das kann man bei den Frauen lernen. In einem sinnlichen, lebendigen Gesicht muß alles stimmen. Die hohen Wangenknochen, die fleischige Nase, der weiche Mund.

Wenn allein der Mund schmal ist, dünne Lippen hat, dann funktioniert gleich das Ganze nicht!

In diesem Gesicht ist alles da.

Nur die Haare fehlen. Zur Tarnung ein Hut, manchmal eine Perücke.

K.-H. T., geb. 1934, Bioenergetiker, lebt in Frankfurt am Main

Geschichtslos. Gewichtslos

Warum dieses Gesicht nur oft so melancholisch aussieht! Es scheint, daß es Traurigkeiten angesammelt hat. Geradezu akkumuliert hat. Man fühlt sich gut und leicht, hat sich schön gemacht und will ins Kino gehen, da blickt einem plötzlich im Spiegel ein tieftrauriges Gesicht entgegen. Schaut einem fremd entgegen.

Wie kann es wieder zu einem Ort werden, immer wieder neu, an dem es sich *so* zeigen kann, wie es ist?

Manchmal gelingt es ihm. Es behauptet über eine lange Geschichte hinweg etwas Anderes, Gewaltigeres. Ganz plötzlich. In solchen Augenblicken hat es Geschichte übersprungen. Linien, Falten. Züge.

Zeigt sich *geschichtslos*. Gewichtslos.

Da wird es real. Als ob etwas leuchtet, funkelt, aus der Schwärze heraus.

Immer wieder dieser Moment des Aufleuchtens: Sprung ins Freie, im eigenen Gesicht. Und in denen anderer.

Der Mund ist zu klein für die Gefühle, die eigentlich da sind. Nicht weit genug, nicht *voluminös*. Die Gefühle sind für diesen Mund zu groß. Er hat es immer nur zu einem kleineren Lachen, zu einem schmaleren Lächeln gebracht. Seinetwegen kann man sich niemals ganz zu Hause fühlen in diesem Gesicht.

Für die Wörter braucht man nur den kleinen Mund. Dieses *Zu klein* hat etwas von einer Schleuse an sich. So, als ob die Gefühle erst durch die Sprache hindurchgeschleust werden müßten.

Das heißt, daß das, was gesagt wird, nie ganz das ist, was es eigentlich zu sagen gegeben hätte.

Der Mund hat etwas Dazwischengeschaltetes.

In der Sprech-Form Festgehaltenes. Ihm hat es immer an Ausdehnung gefehlt.

»Als Kind wollte ich ihn aufschneiden, um ihn größer zu machen.«

Bequemer wäre es, ein großes Gesicht zu haben. Fix und fertig, unverrückbar und bedeutungsvoll. Mit solch einem Gesicht betritt man einen Raum, ohne sich erst Geltung verschaffen zu müssen. Ein schöner Gedanke.

Gesichter mit großen Kinnladen wie bei Lou Andreas-Salomé.

Ausladende Winkel, ein überdeutlicher Mund. Geöffnete, zutageliegende, ausdrückliche Gesichter.

Die jüdischen Portraits, die Herlinde Koelbl fotografiert hat.

Gesichter, die unendlich viel älter sind als wir.

Landschaften. Zeitalter. Wie alt ihre Kultur ist, das wissen diese Gesichter: vielleicht nicht einmal die Leute selber, die zu ihnen gehören.

Das eigene Gesicht, klein, schmal, trägt an seiner Bedeutsamkeit nicht wie an einem Rucksack herum. Das hat auch etwas für sich. Es muß keine Erwartungen erfüllen, nicht hinter seiner eigenen Wichtigkeit herlaufen: was ihm von innen ein Gefühl großer Dichte und Intensität verleiht.

Konzentrierter, geballter Ausdruck. Keiner, der sich hell und weithin sichtbar auf der Fläche verteilen würde.

Das Gesicht erinnert in guten Momenten an ein Reh.

In schlechten an ein Eichhörnchen, an etwas zu Schnelles, zu Flinkes, zu Waches.

U. K., geb. 1940, Publizistin, lebt in Hamburg

Reptilien, makellos!

Entscheiden dürfen über das Bild, das man von sich herzeigt.

»Meine Sache. Das Lesen und das sich *Verlesen* anderer in meinem Gesicht.«

Auf keinen Fall irgendwelchen Genkügelchen oder DNS-Ketten freiwillig die Herrschaft über sich einräumen!

Das Gesicht soll so lange wie möglich als Maske intakt bleiben. Gemeint ist die Maske der Kenntlichkeit, nicht die Maske der Unkenntlichkeit. Aber immer doch ein Versteck. Je älter man wird, desto unausweichlicher entschlüpft das Gesicht der Kontrolle. Es entgleitet der eigenen Regie.

Ein altes Gesicht: ein ruinöses Gesicht. Sichtbarmachung seines Weges hin zum Grab. Es gibt mit Sicherheit keinen Menschen auf der ganzen Welt, der sich über sein altes Gesicht freut. Keinen.

Dieses Gesicht ist sich nicht fremd, schon seit vielen Jahren nicht mehr.

Entgleisungen, trotzdem, noch immer ein Problem.

Augenblicke, in denen die Frage auftaucht, ob man *das* eigentlich noch selber ist. Wo ein Weinen wie renaissancehafte Wasserspeier oder wo manischer Zorn über das Gesicht hinweggehen.

Das Ideal-Gesicht ist nicht das menschliche Gesicht, sondern ein Tiergesicht. Tiere sind einfach schöner, jede Ringelnatter ist ein ästhetisches Meisterwerk. Katzen. Vögel sowieso. Das Gesicht einer Fliege unterm Mikroskop! Reptilien, makellos!

Wer Literatur macht, hat gelernt, mit den eigenen Verborgenheiten zu spielen. Er muß sie nicht im Leben darstellen: auch nicht die Nacktheit des Gesichts. Es kann zu einem Text werden, der sich auf sehr verschiedene Weise lesen läßt. Ein Text, der Fragen stellt und Antworten gibt.

Wie wäre das Leben verlaufen: mit blauen Augen? Anders.

E. D., geb. 1944, Schriftstellerin, lebt in Frankfurt am Main

Tagesgeschäft

Mund und Nase: ihre Ähnlichkeit mit der Mutter, einer pessimistischen Frau. Opfer des Lebens. Immer nach hinten schauend, nie nach vorn. Aber genau darauf kommt es doch an!

Insgesamt ein gutaussehendes Gesicht. Ein sicheres Auftreten. Redegewandt.

Wissen, was man sagt und wie man es sagt.

Im Gespräch mit einem Kunden wird der Körper ausgeschaltet, man sieht nur noch das Gesicht. Und die Hände.

Das Gesicht funktioniert wie ein Verstärker. Manchmal zweifelt der Kunde an dem, was man ihm sagt. Er denkt vermutlich, die Bank will sich die Taschen füllen mit seinem Kapital.

Dann wird das Gesicht vollkommen gelassen. Es vermittelt das Gefühl: Was wir hier machen, ist Tagesgeschäft. Etwas ganz und gar Normales. Geldanlagen, Immobilien. Das *coole* Gesicht sagt dem Kunden, der Mann versteht seine Sache. Er weiß, wovon die Rede ist.

I. B., geb. 1967, Bankkaufmann, lebt in Andernach a. Rh.

Besitz und Fremdbesitz

Schärfen und Falten. Beweglichkeit, Ausdrucksfähigkeit. Das Gesicht 132 | 133 von heute hat einen größeren Reiz als das der Jugend. In der Jugend ist es Fremdbesitz. Erst spät gehört es ganz einem selbst. Das Interesse der Außenwelt bricht zusammen in dem Augenblick, wo es anfängt abzublühen. Und erst von diesem Moment an hört es auf, sich mißbrauchen zu lassen.

Am schönsten ist es dann, wenn es ein *Nachvorne,* sozusagen ein in die Nase fallendes Gefühl erzeugt. Wenns nicht nach hinten sackt.

Manchmal die Idee, vollkommen unbemerkt durch die Welt zu laufen. Mehr und mehr. Die eigenen Kinder sagen aber, daß das nicht stimmt.

Blicke sind die erste Stufe der Gewalt. Den Männern ins Gesicht zu schauen und damit eine Besitzergreifung zu verbinden, das würde einem als Frau niemals einfallen. Umgekehrt ist es die Regel. Zum Beispiel die Werbeagenturen. Dort wird den Frauen zugemutet, sich *atmosphärisch* für das Unternehmen einzusetzen. Bei Kongressen zu repräsentieren. Also in prostitutiven Formen ein nettes Fluidum herzustellen. Mit Kaffeeservieren und einem Lächeln.

Das Gesicht ist ziemlich zerschlagen und verschrammt. Nach einem Skiunfall war die Nase gebrochen, sie hat jetzt einen Buckel und ist schräg. Aber sie kann atmen, was schließlich die Hauptsache ist.

Eine Narbe ist auch da, oben an der Stirn. Früher lagen die Haare darüber, jetzt macht es nichts mehr aus, wenn man sie sieht.

Und: die Haut bräunt nicht. Aber sich dafür Kopfschmerzen einzuhandeln?

Sonne ist schön, aber nur im Schatten.

In einer Gesellschaft, die seit Jahrzehnten die »Krokodils-Frau« mit brauner Lederhaut gepredigt hat, ist Hellhäutigkeit ein Sakrileg. »Sie sind aber blaß, sind Sie krank?« Man will braun werden, um angezogen zu wirken. Um die blanke Nacktheit des Gesichts zum Verschwinden zu bringen.

Es ist wie mit dem Schwimmen in Amerika, wo ein weißer Körper unter lauter Gebräunten nackt wirkt. Eine Nackte unter lauter Bekleideten! So fühlt man sich dort am Strand.

Für Leute, die hinsehen können, braucht das Gesicht nicht angemalt zu werden. Anders, wenn es sich um den Besuch bei einem Bauern handelt, der interviewt werden soll. Es bedeutet, elegant gekleidet und geschminkt zu sein. Das erleichtert ihm die Kommunikation. Er weiß dann, mit wem er es zu tun hat. Je mehr Schminke im Gesicht, desto genauer weiß er, daß vor ihm eine Frau sitzt, die aus der Stadt kommt und ihn befragt.

Das heißt, manchmal ist das Gesicht dazu da, um auf eine passende Art und Weise eingesetzt zu werden. Um sich zum Beispiel mit einem Polizisten zu verständigen, der gerade ein Strafmandat ausfüllt. Dann wird das Gesicht tätig: Es stellt Sympathie her, beginnt zu werben.

Unter seinesgleichen zu sein, also sich in der Welt zu bewegen, die man gelernt hat, im Umfeld seiner gelernten Heimatlosigkeit also, heißt, mehr oder weniger unausweichlich, Aggressionen zu erregen.

Aggressionen, die sich aufs Gesicht richten. (Oder ist es die Haltung?) Sie richten sich auf die Ungeschminktheit, sie wird als Fremdheit wahr-

genommen. Und Fremdheit erregt Angst. Ist es Arroganz?, fragt man
sich. Arrogant darf man nicht sein. Das ist etwas Unverzeihliches.

Jede Form von Musealität, ein Greuel. Es gibt Phasen, Lebensab-schnitte, von denen es keine Fotos gibt.

Die Frage nach früheren Gesichtern, nach Fotografien, sie kommt von den Kindern.

Es fehlen die Nachweise, die Belege. Die Antwort ist, es wird keinen Grund gegeben haben, Fotos zu machen. Also existieren auch keine.

M. St., geb. 1950, Schriftstellerin, lebt in Wien

Panzer oder Wolke

Das Gesicht, was bedeutet das schon?
Man verliebt sich in die Gesichter anderer: in literarische Gesichter. In einen Raskolnikoff. Oder einen Inquisitor.
Als sogenannte Kopfgröße bezieht man die Dimension der ästhetischen Erfahrung selten auf das eigene Gesicht. Oder auf den Körper. Kopfgrößen dürfen stinken und häßlich aussehen. Das ändert sich erst mit dem Alter. Je älter man wird, je mehr der Verfallsprozeß voranschreitet, desto enger, erzwungenermaßen, wird wieder das Verhältnis zur eigenen *res extensa,* zum Körper.
Plötzlich erblickt man Gebrechliche, Magenempfindliche, Rheumatiker.
Selten, sehr selten ein Blick zum Spiegel. Es gibt andere Formen des Narzißmus. Welcher intellektuelle Mann ab fünfzig ist schon zufrieden mit seinem Äußeren? Wenn er am Schreibtisch sitzt, langsam verfettet und ihn die *déformation professionelle* des Kopfarbeiters befallen hat?
Ernsthaftigkeit, Melancholie, Isolation. Der Humor des Pyknikers dringt selten durch.
Zeigt sich in den weicheren Partien.
In Fehlleistungen ab und zu ein Anflug von Mutterwitz.

Bei Baudelaire, der ein Natur-Feind war, findet sich das Lob auf die Schminke, die stilisierten Gesichter. Hymnen auf die Prostituierte, die Pionierin der künstlichen Paradiese.

Das waren andere Frauen als die Mütter, Schwestern, Mitschülerinnen.

Früh bereits, die Suche nach Gesichtern in Form von Kunst-Produkten. Nach *intensiven* Gesichtern.

Schauspielerinnen, Sängerinnen, Portraits der Bildenden Kunst.

Keine Neigungen für das Wildwuchernde, das Naturwüchsige am Menschen. So, wie ja auch Stühle nicht nur zum Sitzen da sind, sondern eine rituelle Herausforderung darstellen. Details, auch die des eigenen Gesichts, werden überhaupt erst dann wichtig, wenn sie in Kunstformen übersetzt wurden!

Ein *faible* für Frauen mit Silberblick. Und vielleicht die tiefe Beziehung zur Pathognomik aufgrund des eigenen Schielens, früher, und des Gebrauchs einer Brille.

Ob sich tatsächlich die Wünsche, das heißt das Ungelebte, Unverwirklichte, in den Gesichtern zeigen? Diagnostizierbar ist das nicht, nicht im Sinne einer szientifischen Physiognomik. Danach wäre das Gesicht nämlich eine Fläche, auf der sich die ganze Dialektik einer Persönlichkeit widerspiegeln würde. Ein positivistischer Gedanke des 19. Jahrhunderts.

Man kennt die Geschichte, derzufolge Goethe, ein Anhänger Lavaters, einen Scherenschnitt betrachtete und sagte: Das ist Herder. Es war aber ein Raubmörder. Die physiognomische Diagnostik funktioniert nicht.

Der Mensch ist, um mit Bertolt Brecht zu sprechen, »in die Funktionale gerutscht«. Seine Handlungsstruktur ist derart komplex geworden, mit so vielen Wenns und Abers, mit so vielen Widersprüchlichkeiten behaftet, daß er sich unmöglich in etwas so Einfachem wie einem Gesicht widerspiegeln kann!

Seit der Renaissance und ihrer Betonung des menschlichen Portraits gab es immer wieder die Vorstellung, den Menschen festhalten zu können in seinem Bild. Jan van Eyck macht als erster den Versuch, sich und seine Frau darzustellen in ihrer Wirklichkeit. So gut ich kann, schreibt er selber über seine Individual-Portraits.

Man braucht sich bloß die Art und Weise vor Augen zu führen, in der sich die nationalsozialistische Rassenkunde der Physiognomik bedient hat: der ostische Rundschädel, der ovale Langschädel. Distinktionen, die den Menschen zurückschrauben auf eine Phänomenologie des Tieres. Man beobachtet und gibt dann den Beobachtungen Namen, man entwirft eine Typologie.

Was ist am menschlichen Gesicht tatsächlich physiognomisch erfaßbar?

Eine knöcherne Grundlage, ein Vorhang von Muskeln und Haut.

Die Haut kann im Laufe der Zeit durch Verschiebung und Verschrundung eine physiognomische *Wertigkeit* bekommen. Aber auch das nur in Grenzen. Es stimmt leider nicht, daß der Geist sich den Körper so produziert, daß er zu ihm paßt!

Der denkende und der physisch erscheinende Mensch: Das kann sich manchmal decken, muß es aber nicht.

Etwa die Denkerstirn Immanuel Kants, die sich, wie man jetzt weiß, einer Krankheit, einer bestimmten Disposition der Knochenbildung verdankt. Das ist das ganze Geheimnis seines Quadratschädels.

Der Mensch kann das Gegenteil seines äußeren Erscheinungsbildes sein. Das ist heute sogar die Regel. Nur die Kunst versucht noch, die beiden Stränge zusammenzubringen.

Heute muß von der Pluralität der Identitäten, der Lebensstile, der Rollen, der Einstellungen gesprochen werden.

Etwas anderes ist es mit den Charakterpanzerungen, Idealformen des Geizhalses oder des Verschwenders beispielsweise. Dort mag sich etwas Typisches in den Gesichtszügen abzeichnen. In Form von Abstraktionen. Derart geschlossen ist die Identität einer Person meistens nicht.

Ronald D. Laing hat das Bild einer steifen Identität getilgt. Er spricht statt dessen von einer »lose verdichteten Identität«.

Der Vergleich mit den Wolken bei Laing. Wolken, die etwas Aufgelöstes, Durchlässiges an sich haben.

Unterschiedliche Verdichtungsgrade anstelle einer abstrakt gefaßten Identität. An dieser Erfahrung kommen weder die Künstler, die das Problem der Portraitdarstellung haben, noch auch die Menschen selbst vorbei.

In der Wirklichkeit passiert es natürlich immer wieder, daß man *erlebnismäßig* solchen Fiktionen aufsitzt.

Das heißt nur, daß die Menschen Primitive geblieben sind.

Da an der Wand hängt ein Bild der Wiener Künstlerin Florentina Pakosta. »Mein Gesicht als Portrait eines *Stammhirnmenschen*«. Als eine Kreatur, die noch erkennen läßt, was unterhalb der Fein-Decke der Zivilisation steckt. Archaische Menschen-Struktur. Brutalität der Frühzeit. Der zivilisatorische Prozeß wird als bloß äußere Verkleidung sichtbar.

Was man auf diesem Portrait auch noch erkennen kann, ist der Panzer. Mit der sozialen Aufstiegsbewegung wächst auch die Notwendigkeit, sich diesen Panzer zuzulegen. Er bleibt beinahe niemandem erspart und wird mit der Zeit immer dichter.

Manager, Bürgermeister, Funktionäre müssen die Kunst der Verstellung beherrschen. Das Leben stülpt den Panzer über ihre Gesichter und ihre Körper.

Selbsterhaltungstrieb, wie Freud dazu gesagt hat.

Das Problem fängt da an, wo das Gesicht und der Panzer zusammengewachsen sind.

Wenn das passiert, ist man tot.

P. G., geb. 1933, Professor für Kunstgeschichte, lebt in Wien

Sehkräfte

Die Augen gebrauchen. Sonst ist man nicht mehr da. Sonst gibt es einen plötzlich nicht mehr.
(M. R. C.)

Die größte Ausstrahlung von allen Gesichtern hat der Hund. Die Augen! Das bringt kein Mensch.
(M. S. Sch.)

Blickloses Blicken

Schon immer, in der Kindheit und im späteren Leben, die Erfahrung:
daß diese Augen nicht erwünscht waren.

Die Leute fühlten sich zu lange angeschaut. Zu tief vielleicht. Die Augen erregten Ärgernis. Entweder fühlten die anderen sich ertappt. Oder, wenn es Männer waren, mißverstanden sie den Blick.

Das erste Mal, daß die Augen zur Sprache kamen, war, als jemand sagte, es seien dreckige Augen. Als Lehrling auf einer Geflügelfarm gab es dann die Schwierigkeiten mit der Frau des Lehrherren. Es hieß, die Augen würden begehrlich dreinschauen.

Später sagte ein Mann, es seien jüdische Augen. Auch so eine Bemerkung. Aber sie war freundlich gemeint.

Alles das hat dazu geführt, daß die Augen anfingen, absichtlich woanders hinzuschauen: Sie kamen sich selber *anstößig* vor.

Eine zusätzliche Hilfe waren Sonnenbrillen. Außerdem, ein zerstreuter Blick. Schweifend vorbei, flüchtig. Kein Augenkontakt. Die Gefahrenzone war bekannt.

Man schätzte die gute Arbeitskraft, sie sollte aber blicklos sein.

Später kam es öfter zu Verwechslungen mit anderen Personen. Es gab da etwas, etwas Typisches. Ganz unerwartet. Eigentlich war es eine Erleichterung und sollte vielleicht so sein.

Es führte näher an die Menschen heran. Man war wie sie.

E. O., geb. 1927, Rentnerin, lebt in Frankfurt am Main

Wasser und Seife

Bei Beerdigungen zeigt es Trauer, das ist logisch. Nach einem langen Tag Abgespanntheit. Wenn die Familie in der Nähe ist, heitert es sich auf.

Rasieren und Waschen, mehr nicht, keine größere Gesichtskosmetik. Wasser und Seife. Das Natürliche ist immer noch das Beste.

Volles Gesicht, volle Backen: Das wirkt wies pralle Leben. Große Brillengläser, ein großes Gestell.

Sehr nette Augen, freundlich. Zeigen innere Zufriedenheit.

Die Stirn legt sich schnell in Falten, wenn was mißlingt. Man hat zum Beispiel was zusammengebaut, und es hält nicht.

Über der Oberlippe juckt es beim Rasieren, die Stelle wird umgangen. Ausgespart.

Damals, in der Kinderzeit, wars ein Spaß, Grimassen zu schneiden, das Nachahmen der Eltern, häufiger die Mutter als den Vater. Hochgezogene Augenbrauen, wenn sie böse war. Man vergißt das alles später, das ist klar.

Die größte Ausstrahlung von allen Gesichtern hat aber zu Hause der Hund. Die Augen! Das bringt kein Mensch. Dieser Blick geht durch und durch. So treu. So gerade heraus. Stellt sich auf die Familie vollkommen ein. Ab und zu noch immer ein bißchen Jagdinstinkt.

M. S. Sch., geb. 1958, Elektriker, lebt in Frankfurt am Main

Augen*flut*

Die erste, frühe Begegnung mit einer Maske. Sie war an den Eindruck geknüpft, einen erwachsenen Menschen, eine Frau, die so alt wie die Mutter war, weinen zu sehen.

Als die Tränen aufgehört hatten, nahm sie plötzlich eine Holzdose mit eingebrannten Blumen in die Hand. Man sah etwas Weißes, ein weißes Pulver, das übers ganze Gesicht gestäubt wurde. Ein außerordentlich merkwürdiger Vorgang.

Bei Aufregungen wurde der Hals schnell rot. Der Arzt meinte, Verdacht auf Scharlach. Aber es war klar, daß das nicht stimmte, daß es nichts nützen würde.

Haut. Die Verletzlichkeit.

Sommersprossen und knallrote Haare, ein Kind, das auffällig wurde, ein gehänseltes Kind.

Wieder ein Fuchs und keine Flinte: Solche Sprüche gab es da, ein Spießrutenlaufen durch Sachsen.

Ein frühes Gefühl für das Extreme. Für Zuspitzungen, Ereignisse. Für Gesichter, für die Fotos berühmter Filmstars. In zwei Hälften geschnitten, konnte die eine Seite so schön wie möglich, die andere alt und häßlich gezeichnet werden. Mit Tränensäcken und hängenden Augenlidern.

Es ging um ihre am weitesten voneinander entfernten Möglichkeiten.

Sophia Loren, Catarina Valente, Gina Lollobridgida: die eine Hälfte ein zartes, wunderschönes Kätzchen und die andere das zerfurchte Mütterlein.

An allen Dingen ist das wesentliche Moment: ihre Polarität. Das Schöne zu sehen vor der Folie des Verfalls. Jugend als eine Vorform des Alters.

Was ist *machbar* mit einem Gesicht? Mit Farben, Masken, Frisuren. Die vielen Nächte, um das herauszufinden. In stundenlangen Portrait-Sitzungen. Als Jugendlicher diese Beharrlichkeit, die Beobachtungen im Spiegel.

Die Erforschung. Selbsterkundung. Das Gesicht in seinem Tätigsein, die Muskelbewegungen. Konzentriertheit und Brillanz der Augen. Der Mund in seiner Energie. Und dann der Augenblick, wo das Gesicht mit sich allein ist, seine Ruhe, die unbeschäftigten Augen.

Die Neigung, die Züge des Gegenübers zu zergliedern.

Ein Auseinandernehmen, Stück für Stück. In Gedanken: das Auge ganz allein zu betrachten, nur das Auge oder eine ganz bestimmte Linie.

Dieses Spiel, das eigene Gesicht fürs Angeschautwerden zu disponieren. Es mit Intensität auszustatten: Man kann das! Es zum Strahlen bringen. Gute *models* tun das, im Moment des »Klicks« senden sie Bedeutung aus.

Antenne sein, gesehen werden *wollen.* Man kann dem Gesicht Aufträge erteilen, man läßt es sagen: Ich mag dich. Aber es sagt auch: Ich bin gut. Es lohnt sich.

Wie komplex das Gesicht sich herrichten läßt. Man könnte es als *rollenfähig* bezeichnen. Wie einen Bühnenakteur.

Ein Verkehrszeichen, ein Bildträger.

»Auf Theaterplakaten verwende ich beinahe immer Gesichter, die Nase ist vielleicht ein Bein.« Ein losgelöster Mund, wie poetisch kann das sein.

In Strindbergs *Traumspiel* gab es einen riesengroßen Mund, einen schönen und auch gefährdeten Mund. Er hing über einer Szene, die von pestkranken Menschen beherrscht ist.

Im *Freischütz* waren es die Augen: die Wolfsschlucht, zusammengesetzt aus lauter Blicken. Eine Augen*flut,* die zusammen einen einzigen, unerbittlichen Blick ergab.

Man kann im Theater den ganzen Körper zum Gesicht machen, das Gesicht aufspalten, in Teilstücke auseinanderbrechen. In Kürzel zerlegen.

Der Raum selbst ist im Theater eine leere Physiognomie.

Und plötzlich taucht ein Lachen auf, ein Weinen, eine Spannung.

New York: Körper, Intelligenz, Eigentümlichkeit der Gesichter, aufgefangen in wahnsinniger Schnelligkeit. Geistreich, zart, schön. Abgründig. Oder unergründlich. Gelebte Leben, gezeichnete Gesichter!

Oder: U-Bahnfahren in Berlin. Die Gesichter mancher Fahrgäste bleiben oft jahrelang im Gedächtnis. Als würden sie etwas auszurichten haben, etwas, das sich nicht sagen läßt. Etwas, das in unserer Kultur keinen historischen, rationalen Ausdruck gefunden hat.

Manchen Leuten sieht man eine Art der Verkorkstheit an, die etwas Aufregendes, Anregendes, etwas durch und durch Mitteilungswürdiges an sich hat.

Ob man das Gesicht über seine Persönlichkeit erhält oder ob sich die Persönlichkeit nach dem Gesicht, das heißt nach den physiognomischen Vorgaben richtet? Dem Glöckner von Notre Dame wird eine andere Biografie zufallen als Marlene Dietrich.

Männer-Blicke: im ersten Moment gleich eine solche Zugewandtheit, dieses Sicherkennen, das über die Augen läuft. Eine Spannung, ein Bogen hin zu dem Gesicht des anderen. Die Verheißung.

In Bruchteilen von Sekunden, ein Zünden! Dieses Schauen und Angeschautwerden. Eine plötzliche Intensität zwischen zwei Menschen.

Augen. Sie aushalten. Ihnen standhalten, sie ertragen.

Was kann ein Mann durch seinen Blick sagen? Da schwingt etwas mit, es weist auf Möglichkeiten hin. Auf das, was sich auftun könnte zwischen zwei Menschen. Das sexuelle Versprechen: Spiegelung und Erfahrung von Nähe, Vertrautheit von Anfang an.

Besonders anziehend ist alles das, was nicht weiblich ist.

A. M., geb. 1945, Regisseur und Bühnenbildner, lebt in Tübingen und Wien

Schönheit des Puck

Da gibt es eine bestimmte *Lichtheit:* Zuwendung, Herzlichkeit, Ausgeglichenheit. Die Bläue der Augen?

Das ist das Bild, das es im Innern des Gesichts gibt. In Wirklichkeit ist die Haut unregelmäßig durchblutet, die Nase zu lang, der Mund zu klein. Und die Augenringe!

Irreguläres. Und fehlende Harmonie. Lauter Ecken und Kanten. Lebendigkeit und Konflikt.

Ein Retuschieren nach innen. Glättungen.

Und außen ist das Gesicht seltsam verschärft. Die Falte wird nicht gesehen, die sich über der Nasenwurzel zeigt.

Der tiefe Wunsch, ohne Probleme im Leben zu sein. Diesen Wunsch stellt das innere Gesicht dar, das Idealgesicht.

Jetzt ist es gerade gut zu sehen.

Es ist schon lange da.

Ein Gesicht, das sich einigelt, ein Fluchtgesicht. Es ruht sich aus, ist überbehütet, fühlt sich anfällig.

Das Ausruhgesicht: ein Kindergesicht? Das Wort *intra-uterin* paßt dazu. Schwebende Ruhe, ein Embryo in seinem Fruchtwasser.

Ein Augengesicht. Die Augen sind der einzige widerspruchsfreie Ort. Starke Augen.

Im Spiegel eine Konzentration auf ihren Blick, die übrigen Partien fallen weg. Die Augen schlagen sozusagen durch beide Gesichter durch und treten auf die »Bildfläche des Lebens«. Sie nehmen den Kampf auf. Das übrige Gesicht tut diesen letzten Schritt nicht.

Es wird gerettet durch Unsichtbarkeit, das ist seine List.

Das Leben fällt schwer, man muß sich abstrampeln, ein teuer erkauftes Leben. Leben müssen. Das Gesicht, das innere, ist Idylle, ist Rückzugsgebiet. Etappe.

Gleichzeitig kann das *äußere* Gesicht andere Menschen dazu bringen, sich zu fügen, Anordnungen entgegenzunehmen. Letztlich wird alles nach Wunsch erledigt. Das Gesicht kann unerbittlich sein: wenn es im Einsatz ist.

Es hypnotisiert sein Gegenüber, die Mimik wird expressiv.

Arbeit mit den Augen.

Sie lassen das Gegenüber nicht mehr los. Sie bannen es, locken und provozieren. Die Augen ziehen alle Register, als wären sie der verlängerte Arm der Sprache. Soghaft.

Der Mund ist der kleine Mund der Mutter.

Was hat sie mit ihm gemacht? Ihn zu selten geküßt. Ein viel zu kleiner Radius: weniger ein Mund als ein Mündchen. Die Sprache ist überkonzentriert, eine höfliche Sprache. Abgebremst. Keine volltönenden, sondern kunstvolle Sätze, maniert und überrumpelnd. Ein *cäsarischer* Mund, auf seine Weise.

Das Gegenüber muß dechiffrieren und verliert Zeit, während der Mund nachsetzt mit einer neuen Forderung.

Dann nimmt für kurze Zeit das innere Gesicht den Charakter einer Chimäre an, fast ist es eine Utopie.

Schönheit des Puck: in der Liebe. Koboldhaft, gewichtslos, ein anderes Gesicht. Ein drittes Gesicht, von innen getönt. Gewärmt.

Ein ausgehöhlter Kürbis wie bei *Halloween,* in den man eine Kerze gestellt hat.

B. W., geb. 1941, Soziologin, lebt in Berlin

Das Blonde ist fast schon Europa

»In Bozuyuk, das ist ein kleiner Ort im Süden der Türkei, haben die Leute schwarze Augen, dunkle Haare, sind nicht blauäugig und blond wie ich.«

Das Blonde ist das Schönere, fast schon wie in Griechenland oder Österreich. Das Besondere, das Interessante. Europa.

Damit fällt man in der Türkei überall auf, bei Hochzeitsfesten, Einladungen. Die Leute sind damit beschäftigt, sich zu fragen: Wo kommt sie her, diese Frau?

In der Schule hieß es nur »das gelbe Mädchen«, oder sie sagten auch »das helle Mädchen«.

Manchmal sogar die »Prinzessin«, wie im Märchen. Das hat die ganze Kindheit begleitet, bis in die Lehrzeit hinein. Die Männer haben immer als erstes die blauen Augen gesehen. Weil sie hell sind.

In der Türkei glaubt jeder, eine Deutsche vor sich zu haben, und in Deutschland denken die Leute, man wäre von hier. Das Leben in diesem Land wird dadurch leichter.

Das Gesicht ist klein und sieht jung aus, es ist einfach nicht so viel Platz da für Falten.

Früher war es immer stark geschminkt, aber hier, in diesem Staub und Dreck, bei der Schneiderarbeit, wird es schnell schmutzig, es klebt.

Es gibt nichts ganz Gutes und nichts ganz Schlechtes im Leben. Alles ist normal, die Arbeit, das Kinderkriegen, die Familie.

Das Gesicht, es ist immer ein Glücksbringer gewesen.

A. S., geb. 1946, Änderungsschneiderin, lebt in Frankfurt am Main

Ein Helm, ein Schild

Das Gesicht und das Bewußtsein des eigenen Gesichts. Das Bewußt- sein des Spiegelbilds des eigenen Gesichts.

Manchmal sieht man, bei eigentlich gar nicht besonders hübschen Menschen, in uneitlen Gesichtern, Augen von einer unbeschreiblichen Tiefe: fast eine andere Form der Realität.

Dort bleiben. Verweilen.

Als ob ein solcher Blick etwas bereithält, das man sonst von nirgend- woher bekommen kann. Er übermittelt eine Nachricht, ohne daß über ihren Inhalt etwas Genaueres bekannt wird. Trotzdem, es ist, als würde sie die Seele aufladen mit starken, unbekannten Energien. Ein Sichentfernen aus der Welt und eine Verwandlung.

In diesem Moment setzt die Suche ein. Die Suche nach einer Sprache, die diese Erfahrung zum Ausdruck bringen kann.

Daß also die Sprache ausgeschickt wird, um diesen Ausdruck zu finden.

Manchmal der Gedanke, das Gesicht eines Freundes ganz genau an- schauen zu wollen.

»Heute lasse ich mich ganz tief ein auf dieses Gesicht.« Weil es näm- lich immer noch nicht wirklich erkannt ist. Und nicht verstanden wurde, wie es eigentlich ausschaut.

Es ist, als wäre es aus dem Gedächtnis herausgefallen.

Ein furchtbares Gefühl zu denken: Wie schaut dieser Mensch, dieser so vertraute Mensch eigentlich aus? Manchmal sind Teile zu sehen, aber als Ganzheit bleibt es verborgen.

Es gelingt weniger gut, sich in einen direkt gegenüber sitzenden Menschen zu vertiefen als in eine Figur der Bildenden Kunst. Etwa in die Gesichter von Francis Bacon. Figuren von Salvador Dalí. Sie stellen ganz große Rätsel dar. Ohne daß eine Lösung zu erkennen wäre. Hineinschauen, ohne darauf zu kommen. Immer wieder zurückkehren. Neu beobachten. Ein Sog. Eine Sucht. Und worum geht es im Grunde? Um eine Unbekanntheit, die man nicht aus den Augen verlieren möchte.

Was jetzt noch zu sehen ist, am eigenen Gesicht, ist, wie es altert.

Und daß in den Augen hin und wieder ein Ausdruck steht, der fremd erscheint.

Manchmal morgens, wenn das Gesicht ausgeruht ist, kommt der Gedanke auf: Ein guter Tag, damit kann man etwas anfangen! Und abends dann die Frage, was ist nun eigentlich noch übriggeblieben vom Gesicht. Ein Skelett, ein Knochengerüst.

In vorgerücktem Alter spürt man immer schon seinen Totenkopf, dann, wenn man die Hände zum Gesicht führt.

Den Schädel. Die Vertiefung der Schläfen.

Es liegt ein Unterschied darin, ob man in dieser Gesellschaft als Mann oder als Frau altert. Den Männern, Samuel Beckett etwa, wird selbst noch im hohen Alter Würde zugesprochen. Man sagt: ein Charakterkopf.

Gesicht und Körper der Frau bewahren sich in den Augen der Welt nichts Vergleichbares. Im Gegenteil, sie werden zum Objekt des Spottes oder des Mitleids gemacht.

Vielleicht liegt es an den Frauen selbst, daß es zu diesen unter-
schiedlichen Einstellungen gekommen ist. Weil sogar in der alt ge-
wordenen Frau die Suche nach dem Effekt noch immer weiterarbeitet.
Und genau das zerstört die Schönheit eines alten Gesichts. Diese
festgehaltene Form der Verlockung.

Wenige Gesichter haben sich davon frei machen können. Nelly Sachs.
Gertrude Stein. Das sind wunderbare Möglichkeiten zu altern.

Auf frühen Kinderbildern, da ist etwas zu sehen, etwas Erstaunliches.
»Da bin ich echt.« Als ob sie einen wesentlichen Teil der Person zu erkennen geben. Den Kern.

Eitelkeit, die dazwischengetreten ist. Und nun immer mehr an Bedeutung verliert.

Um wieder näher heranzukommen an ein früheres, vielleicht wahrhaf-
tigeres Leben. An ein Leben, wie das Kind es geführt hat.

Ein scheues, ein ängstliches Kind. Eines, das ohne Freundschaften
aufgewachsen ist. Es träumt vor sich hin und fühlt sich paradiesisch
im Innenhof des Hauses, im Garten. Es kennt sämtliche Pflanzen,
sämtliche Tiere und kümmert sich um sie. Das Kind hat niemals einen
Schmetterling gefangen, niemals einen Käfer. Es befand sich in einer
Vorform jenes kontemplativen Lebens, wie es jetzt auch wieder da ist.

Der Gedanke, daß sich dies auf dem Gesicht zeigt.

Vermutlich ist es deshalb so unergiebig, es anzuschauen.

Das einzige noch immer Sehenswerte sind die Augen. Sie stellen den Kontakt zu den Menschen her. Darum auch ihre Betonung, ihre Bemalung. Das hebt ihre Besonderheit hervor. Und, daß sie vom Wesen, von einem inneren Leben, noch immer etwas mitteilen können.

Das Haar, tief ins Gesicht hineinfallendes Haar, stellt eine Schutzmaßnahme dar. Eigentlich seit der Kindheit, die langen Fransen in der Stirn.

Diese Art und Weise, das Haar wie eine Vorrichtung zu tragen.

Wie ein Schild beinahe oder einen Helm. Ein Visier.

Durch die Welt zu gehen, ohne gesehen zu werden.

Das Haar ist Teil einer Tarnkappe, die man mit einer Sonnenbrille noch vervollständigen kann. Entscheidende Teile des Gesichts sind gewissermaßen in das Visier hineingenommen worden. Nur die Augen liegen frei.

Gleichzeitig richtet sich ausgerechnet auf sie ein geradezu hypochondrisches Gefühl. Die Angst, daß sie verletzt werden könnten. Daß mit ihnen irgend etwas geschieht. Ihnen irgendwann etwas zustoßen könnte.

Am schönsten wäre es, eine Form der *Unsichtbarkeit* anzunehmen.

Das Starren der Kinder auf der Straße nicht mehr sehen zu müssen. Diese Blicke, die in einen hineinkriechen. Auf furchtbarste Weise eindringen wollen. Und je weiter man sich vor ihnen zurückzieht, desto mehr wollen sie haben.

Manchmal taucht die Überlegung auf, wie egoistisch im Grunde doch das Anlegen einer Tarnkappe wäre. Daß damit viel gesagt ist über die eigene Beziehung zur Welt.

Nur selber diejenige sein wollen, die alles erkennt, erkundet, erforscht!

Diejenige, die draufkommt. Die aber alles mögliche unternimmt, damit es nicht umgekehrt genauso passiert.

Vielleicht könnte das Wort Stille das Gesicht am besten beschreiben. Es ist ein gewissermaßen lautloses Gesicht.

Es gibt eine bestimmte Sorte von Bleistiften, die auf dem Papier nur eine ganz schwache Spur hinterlassen.

Der Wunsch, so wie dieser Stift, ohne Abdruck, im Leben gewesen zu sein.

Nicht mehr als ein weißes Blatt zurückzulassen.

Das Gesicht ist immer blaß gewesen; durchscheinend. Es gibt eine Art des Bluthochdrucks, der Hautblässe erzeugt.

Der Gedanke, ungesehen sein zu wollen, hat vom Gesicht Besitz ergriffen.

Er hat es geradezu besetzt, mehr und mehr besetzt.

Es ist da. Aber nicht ganz und gar. Es ist vorhanden. Aber mit dem Wunsch, unansprechbar zu sein. Also auch in dieser Unansprechbarkeit nicht haftbar gemacht werden zu können; für nichts auf der Welt haften zu müssen.

Und trotzdem. Die Welt muß da sein. Sie muß ununterbrochen gesehen werden können.

Die Tiere müssen ganz lebendig sein. Und die Gegenstände ganz belebt. Die Straße voll von Menschen, die immerzu sichtbar sein müssen. Damit dies alles immerzu zu sehen ist.

F. M., geb. 1924, Schriftstellerin, lebt in Wien

Sehen und wegschauen

Daß einem dieses Gesicht gehört! Und daß man da herumsteht, sich oder andere anschaut und im Leben herumläuft, das ist tatsächlich sehr seltsam.

Hin und wieder Grimassen vor dem Spiegel. Oder: heimlich, wie *nach innen*. Wenn eine Situation schwierig war.

Als ob das Grimassieren sie wegwischen könnte. Das Zungeheraus- strecken. Zähnefletschen.

Wer schneidet diese Grimassen eigentlich? Noch das eigene Ich? Wenn nicht, wer ist es dann?

Wenn solche Fragen plötzlich auftauchen, ist es gut, das Gegenüber nicht anzuschauen. Sondern in den leeren Raum zu sprechen. Dane- ben zu gucken. Das Gesicht zu wahren: Es wird aus dem Schußfeld ge- nommen.

Gleichzeitig weiß man, daß ein Gesicht nur durch den Blick des ande- ren existiert. Es gibt überhaupt kein Gesicht ohne das Angeblicktwer- den.

Das Gesicht muß gesehen werden, nur dadurch ist es vorhanden in der Wirklichkeit.

In seinen Winkeln, Falten, in einzelnen Gebieten lagern sich Erfahrun- gen ab: wie in einem Text. Man sagt ja auch, in den Zügen lesen. Zwi- schen den Zeilen. So, auf diese Weise, liegen hinter jeder Haut wei- tere Häute.

Überlagerungen wie bei den Phantombildern.

Genauso wie die Texte probiert man die Gesichter aus. Das unbekannte Detail. Die jüngsten und die ältesten Schichten, alles ist gleichzeitig da.

Es kommt darauf an, in Ruhe dieses Ineinander zu organisieren, die Verstrickung.

Je weniger einer an seine Geschichte herankommt, Person, Autor, desto einfacher wird ein Gesicht sein, desto flacher gibt sich der Text.

Die meisten Gesichter, die man von Wahnsinnigen kennt, sind ganz einfach.

Es gibt die Angst, zu lange angeschaut zu werden. Erkannt zu werden heißt, das Gesicht zu verlieren. Früher ein Grund dafür, jemanden zum Duell zu fordern.

Mund und Nase sind Löcher, Hohlräume.

Aber die Augen, sie blicken zurück. Man muß davon ausgehen, daß sie in ein magisches Inneres führen.

Viele Gesichter in einem Raum: lösen Unruhe aus. Viele Spiegel. Stiften Unordnung. Man muß sich beeilen, muß herumschauen, sich möglichst rasch wiederfinden.

Abschätzen, ob es gelingt.

Zugleich nicht hängenbleiben beim ersten Angebot. Schauen. Ein solcher Raum kann hundert Angebote enthalten. Eine ganze Palette. Man will möglichst viel gesehen haben, möglichst alles.

Nicht festgelegt sein, zu früh. Und dann nicht mehr loskommen.

Dem eigenen Gesicht kann man nur *hinterherschauen.* Selten, im nachhinein, ist es dann plötzlich zu sehen. Über die eigene Schulter geblickt.

K. B., geb. 1946, Lektor und Übersetzer, lebt in Frankfurt am Main

Der Punkt, das Rot, die Zusammenballung

Das Oben: *Power!* Schwarze Haare, starke Brauen. In den Augen ist Glanz, Brillanz und Feuchtigkeit. Sie sind klein, dunkel und schlitzartig geformt.

Dadurch intensiv, punktartig. Aus ihnen kommt etwas heraus, das zum Inneren des Körpers gehört. Immer und immer, außer während des Schlafs. Daraus ergibt sich die Vorliebe fürs Schauen, für Bilder und Bilderbücher. Musik und Literatur geben weniger her, alles Diffizile. Die bedruckte Seite eines Buches hat etwas Unklares. Es passiert, daß die Zeilen sich verwirren, daß ihre Reihenfolge nicht deutlich genug ist und daß man dann nicht mehr zurückfindet.

Am schönsten ist die klare Farbe, das Rot, der kurze Satz. Das Plakative.

Jugend. Ja oder Nein.

Ein Lesen, draußen, in der Natur, am liebsten vom fahrenden Auto aus. Die Augen sind beschäftigt, das Auto bewegt den Körper, der Körper sitzt still.

Schauen und alles gesehen haben. Größe auf einen Blick. Zum Beispiel ein Barockgarten. Die Wege führen immer wieder zusammen, konzentriert, verdichtet, immer in Richtung auf das Schloß zu. Es entstehen Räume ohne Bedeutung, zwei Hecken, eine Reihe von Bäumen, die Allee, Punkt!

Die Serie. Etwas ist da und verschwindet wieder. Mit solchen Bildern muß man leben lernen: zeitgenössischen Bildern.

Es kommt eine Bombe – und weg ist die Stadt! Oder: Etwas; das uns gehört hat, geht kaputt.

Die Eindeutigkeit, der Punkt. Lassen Bewegung zu. Den Wechsel, das Niewieder und den Neuanfang.

Das Unten: Nase, Wangen und Kiefer, ist verschwommen. Amorph. Der Mund ist weder groß noch klein, unbeachtet, unscheinbar, wie Pflanzen, Blumen, ein Strauch, ein Weg.

So oder ähnlich.

Der Blick für diese andere Energie, ein sich anbahnender Blick. Für das Versteckte, Vorverurteilte. Die *weibliche* Zone, das Nichtoffenbare. Die ungeordnete Renaissance: Man wird hineingezogen.

Unten besteht die Gefahr zu zerfallen. Zerfall ist häßlich, planlos. Es geht darum zu ordnen, zu gestalten. Natur-Gestaltung. Zerfall ist störend. Er verhindert, gut zu leben. Das macht Angst.

Man muß schauen, immer. Die Augen gebrauchen, sonst ist man nicht mehr da.

Sonst gibt es einen plötzlich nicht mehr.

Manchmal die Idee, diese Augen könnten alles sehen. Alles, nur nicht den, zu dem sie gehören. »Als könnten sie mich selber *nicht* bemerken.« Deshalb muß immer jemand da sein, der zuschaut. Beim Essen, Lernen, Leben. Und wenn es das Fernsehen ist. Ein sicherer Rahmen muß da sein. Wenn Zerfall, dann im Rahmen.

M. R.-C., geb. 1967, Student der Landschaftsarchitektur, lebt in Berlin

Ein vorweggenommener Mund

Die Nase kann nicht wandern, der Mund nicht in die Ferne gehen, die Augenbrauen können nicht niedergeschlagen werden: Das alles können die Augen.

Es gibt Zeichen dafür, daß früher, in vorgeschichtlicher Zeit, nur über die Augen geredet wurde.

Der Beweis dafür war die Begegnung mit einem Mann, das ist schon eine ganze Weile her: Der hatte diese Augen. In denen hat man sehen können, daß keine Sprache notwendig war.

Daß die Augen ein vorweggenommener Mund gewesen sind.

Menschen in Trance, das muß man gesehen haben. Ihre Gesichter in rasender Veränderung. Solche, die plötzlich glatt werden oder totkrank aussehen, die eine männliche oder weibliche Ausstrahlung annehmen. Je nachdem, was sie gerade zu sehen glauben.

Diese Eindrücke werden später nur von den Augen festgehalten.

Augen, die der gestauten Kraft vergessener Existenzweisen standgehalten haben. Die sehr viel haben anschauen müssen.

Ein Sprechen mithilfe der Augen. Die Wörter fallen weg. Was passiert? Wenn andere, unbekannte Mittel einspringen müssen.

Der Mund, vor allem die Oberlippe, sind ungewöhnlich schmal. Das hat mit dem Wunsch zu tun, die Wahrheit zu schneiden.

Zur Zeit sitzt hier, im Wangenbereich, unter den Knochen, etwas, das da nicht hingehört. Eine hamsterhafte, reingestopfte Aktivität, ein Festhalten, das kleine Taschen bildet.

Trotzdem, jemand hat die Augen, den Mund, die Kontur mit denen eines jungen Seefahrers verglichen.

Das Gefühl einer Verwandtschaft, ganz tief im Inneren des Gesichts.

V. St., geb. 1953, Lehrerin, lebt in Freiburg

Augen-Datenbank

Lange Zeit war das Gesicht ein zusammengesetztes Gesicht. Die Summe fremder Gesichter.

In der Klasse des Bruders gab es ein paar tolle Jungen, gute Typen, aus denen etwas zu machen war. Aus vielen Zutaten ließ sich ein ganz neues Gesicht erfinden. Ein aus Teilstücken montiertes Gesicht.

Später, während einiger Trips, in Form von *flashs* sozusagen, zeigte sich, wer so alles Platz genommen hatte. Da gab es zum Beispiel eine Reihe von Einzelheiten, die von einem früheren Hauswart stammten. Seine Nase, die dicke Brille, klar erkennbar, fast übergenau. Dieser Mensch hatte sich ein eigenes Gesicht gegönnt. Hexenhaft, auffallend, ungewöhnlich. Es bot sich an, ein paar Anleihen bei ihm zu machen.

Die Furcht davor: Grimassen zu scheiden.

Ängste und Hemmungen. Die anderen Gesichter könnten sichtbar werden. Fremde Partien. Oder die Einzelteile könnten sich selbständig machen. Das Gesicht in Stücke gehen.

Später dann die Versuche, die angenommenen Teile wieder loszuwerden. Sie herauszupressen aus dem Gesicht. Durch ein Kneten und Zerren, durch Massieren und Kneifen. Sie herausprügeln, die falschen Nasen, die Münder und Stirnen.

In den Augen, im Blick liegt etwas ganz und gar Rätselhaftes. Als ob aus ihnen etwas herausguckt, etwas, das man sich nicht erklären kann. Etwas Unerschlossenes.

Augen. Die Frage, ob sie einen Ewigkeitswert haben.

Damals waren nur sie noch übriggeblieben als etwas eigenes. Inmitten von lauter Ersatzteilen.

Sie bleiben sich selber ähnlich und kennen den ganzen Weg. Haben alles gesehen. Wissen mehr als unser Bewußtsein. Man müßte sie befragen können, müßte abrufen können, was in ihnen gespeichert ist. Datenbank unserer Seele.

Früher, in der Kindheit, der Gedanke: Klar, daß der Mensch Augen hat. Erst später werden sie einem fremd. Da steht man dann vor dem Spiegel und fragt sich: Bin ich das, der da guckt?

Man betritt durch die Augen eine verschüttete Welt.

Wenn sie einmal ganz sichtbar geworden sind, wenn sie sich zu erkennen gegeben haben, dann liegt auch die Geschichte des eigenen Lebens offen zutage. Dann ist man auf Grund gestoßen.

Wenn die Augen einmal freigelegt sind, werden sie davon erzählen, daß jeder von uns, jeder einzelne, *Gott* ist. Jeder von uns. Wir haben es nur vergessen.

Die Augen werden sagen, daß das Ende eines Weges erreicht worden ist. Daß keine Ängste, keine Vertuschungen mehr nötig sind. Keine Peinlichkeiten mehr aus dieser früheren Zeit. Und, daß alles so sein mußte, wie es war.

Immer mehr hat sich das Gesicht ganz auf sich selbst zurückgezogen: Es gibt nichts Rundes, Ausgepolstertes darin. Nur seine Knochigkeit. Struktur.

Dreck wegwerfen. Nichts Überflüssiges zurückbehalten. Nur die nötig-
sten Gepäckstücke, eine Nase, Augen, Mund.

Manchmal, ein langes Zwiegespräch mit dem Spiegel. Um mit einer
Unsicherheit fertig zu werden.

Es ist ein Gefühl, das manchmal in der Öffentlichkeit, unter anderen
Menschen auftaucht.

D. W., geb. 1953, Tischler und Designer, lebt in Berlin

Glanz und Gehorsam

Sich schminken heißt, sich und den anderen eine fremde Persönlichkeit vorzuspielen.

Stärke, Macht, Unerreichbarkeit.

Wer dieses Gesicht ungeschminkt sieht, schaut an ihm vorbei. Es ist beinahe so, als ob es gar nicht da wäre. Als ob überhaupt die ganze Person nicht existieren würde. Durch Schminke und Kleider gerät sie in eine andere Daseinsform hinein: durch Bewegungen, durch ein bestimmtes Auftreten, durch einen Glanz.

Es sind die Augen, die sich am weitesten aus dem Gesicht entfernen, die fremdgehen, in Grau, in Blau, in Grün.

Die Augen, die zum Blick werden.

Die Schminke wischt den Alltag weg, auch den Alltag der Person. Ihre Zerstreutheit, Abgelenktheit.

»Wenn ich vorführe, drehe ich mich in ein anderes Leben hinein.«

Der Laufsteg. Augenblicke der Verwandlung. Das Bild einer großen Persönlichkeit entsteht. Das Gesicht: ein älter gewordenes Gesicht, um ungefähr acht bis zehn Jahre.

Man kann in diesem Zustand sehr viel. Blicke auf sich ziehen, ohne sie beantworten zu müssen; Impulse aussenden, ohne Verpflichtungen zu übernehmen; außerhalb von Verstrickungen stehen.

In diesen wenigen Augenblicken weiß man, was und warum man etwas tut. Ist Teil eines großen Geschehens geworden.

Das Gesicht wird zu einem fremden Werk, und doch ist es das eigene. Es ist ein Zauber, ein Schutzschild, eine Burg.

Und ein Terror. Es verlangt Gehorsam. Verbietet, jung zu sein, klein zu sein oder das Gefühl einer Verstörung zu haben.

Nach der Show: ein Nebensichstehen. Die Orientierungen fallen aus. Was ist los gewesen? Wer war diese andere Frau?

Gesichter, die eine große Anziehungskraft besitzen, drücken eine Erfahrung des Leids aus. Es sind vertraute Gesichter. Da muß nichts erklärt werden.

B. K.-H., geb. 1962, Mannequin, Studentin der Ethnologie, lebt in Wien

Engführungen

Einen bestimmten Ausdruck zieht das Gesicht hinter sich her wie einen Pferdefuß.

(O. G.)

Wie kann man sich vor dem eigenen Denkergesicht in Sicherheit bringen? Vor der Mimik der Sturheit und des Eigensinns. Vor dem wichtigtuerischen Stirnrunzeln.

(W. P.)

Der *Stress* der Denkerstirn

Die meisten Menschen haben irgendeinen Punkt in ihrem Gesicht. Einen Punkt, der ihr Selbstbild stört. In diesem Gesicht ist es die Nase. Sie war immer zu klein.

Wie bei einem Affen, hat einmal jemand gesagt.

Was konnte das bedeuten? Worin bestand das *Affen*ähnliche? Dieser Satz war ein Treffer gewesen. Und setzte die verschiedenartigsten Überlegungen und Tätigkeiten in Gang. Löste ein emsiges Forscherinteresse aus, das um die Geschichte und das Aussehen der Affen kreiste. Viele Jahre lang. Auskundschaftungen aller nur erdenklichen Gesichtspunkte.

Imitationen.

Nachahmung der Gangart. Haltungen. Der mimische Ausdruck.

Vielleicht trägt man so eine Geschichte für immer in seinem Gesicht mit sich herum.

Zeitweise, als Ersatz, wurde die Nase der Schwester ausgeliehen, ist gewissermaßen geistig dem Gesicht einverleibt worden.

Mit der Stirn ist auch irgend etwas.

Durch ihre Höhe und die fehlenden Haare bot sich der Typus des Denkers an. Eine durchaus willkommene Vorstellung, die aber immer mehr zum *Stress* geworden ist. Wenn man so aussieht, bleibt einem im Grunde gar nichts anderes übrig, als klug zu sein.

Wie konnte man sich vor dem eigenen Denkergesicht in Sicherheit bringen?

Vor der Mimik der Sturheit und des Eigensinns. Vor dem wichtigtuerischen Stirnrunzeln.

Vor den Denker-Posen.

Hochgezogene, schmale Kontur. Sie unterstützt den Eindruck der Kleinheit, die im Verhältnis zum übrigen Körper nicht stimmt: den Eindruck des Gesichtchens.

Kein wirkliches Denkergesicht also? Womöglich nur das Gesicht eines Denkerchens?

Manchmal, ein quälender Gedanke.

Auf der Stirn die beiden Höcker, wie zwei Hörnchen. In Verbindung mit einer leichten Wölbung über den Augenbrauen bedeutete das einen weiteren affenähnlichen Zug.

Irgend etwas jedenfalls, das mit *Stammesgeschichte* zu tun hat.

Von sehr weit herkommend.

Durch Berührungen und Muskelbewegungen ist das Gesicht zu spüren, aber in der Vorstellung fällt es aus. Ist nicht zu sehen.

W. P., geb. 1955, Übersetzer und Impresario, lebt in Berlin

Erwachsenenwelt

Früher war die Nase zu groß, das Kinn zu klein, die Augen standen viel zu weit vor. Details. Das Ganze zu weich: zu wenig vom Intellekt beherrscht. Der Intellekt aber ist scharf.

Der Eisberg, sagten die Mitschüler.

Das innere Gesicht. Es hat mit Macht zu tun.

Mit fünfzehn, PSI-Geschichten und Hypnose. Alles durchprobiert, von der Suggestion bis hin zur Telekinese. Telepathie.

Die Ratio ausknipsen wie einen Lichtschalter. Dann ist es dunkel. Und das im Dunkeln Liegende *wird frei*.

Es tauchte der Gedanke auf, alles meistern zu können. Herr der Dinge und Herr der Menschen zu sein.

Aber, irgendwann hörte dieser Wunsch auf.

Es sollte anders werden. Mit richtigen Freundschaften. Und wenn sie nur zwölf Stunden dauerten: mit einem Menschen, der im Flugzeug zufällig neben einem sitzt.

Ein Bart ließ das Gesicht in einem günstigeren Licht erscheinen. Erst ein Oberlippenbart in Verbindung mit einem Knebelbart.

Dann eine Version ohne Knebelbart, eine weitere bestand in einer Verbindungsleiste zu den Koteletten. Schließlich Vollbart.

Worum es eigentlich ging, war, das Gesicht älter erscheinen zu lassen. Nach dem frühen Tod des Vaters fiel die Rolle des Familienoberhauptes an den ältesten Sohn. Das hieß, ein *Clan*oberhaupt zu werden. Die Familiengeschäfte zu regeln. Mit Erwachsenen zu anderen Erwachsenen zu gehen. Verlorene Kindheit. Ein tiefer Ernst, ein behütetes Leben.

Seit einigen Jahren tut sich etwas im Gesicht.

Als wärs ein richtiges Gesicht geworden. Menschengesicht.

Veränderungen hatten immer mit dem Tod zu tun. Ein Freund, der unter eine Lawine geriet, das Sterben des Vaters. Ein Tauchunglück: Gefühl des Totseins, das etwas Angenehmes hatte. Eine Kette sprachlich nicht faßbarer Bilder.

Das Gesicht, wie es jetzt ist. Es ist jung, kantig, glatt. Blauäugig in jeder Hinsicht. Neugierig, fröhlich.

Vor dem Spiegel: Anziehen und den Sitz der Krawatte kontrollieren. Aufs Revers schauen. Beim Rasieren ins Gesicht. Ein nahes Anschauen, um sich nicht zu schneiden.

Es gibt ein Gesicht, wie man es sich wünschen würde: das *wirkliche* Fleisch- und Knochengesicht, auf dem die Seele überall nach außen getreten ist.

So daß also die Gesichter zusammengefunden hätten.

Es existiert eine Tuschzeichnung, sie zeigt ein Männchen, das viele, viele Masken hält. Der Künstler, der dieses Bild gemacht hat, sagte: Das alles bist du.

O. M. K., geb. 1943, Journalist, lebt in Wien

Medeas Zorn

Die Phase der Eingewöhnung ist noch lange nicht abgeschlossen. Ein Blick in den Spiegel, nicht zu glauben, daß die Person und das Gesicht in einem Zusammenhang stehen.

Eine Bruchstelle.

Wie eine zerrissene Fotografie, notdürftig zusammengeklebt. Die Risse aber bleiben zu sehen.

Während der Arbeit im Operationssaal steckt das Gesicht oft den ganzen Tag unter einer Mundmaske, unter mehrfach geschichteten Tüchern. Dann sieht es aus wie das Gesicht einer Verschleierten. Unkenntlich geworden, unkenntlich. Nur die Augen sind noch zu sehen.

In der Liebe wächst es zusammen. In der Liebe ist das Gesicht *ganz:* ein in seinen Einzelteilen zusammenhängendes Gebilde.

Aggressionen und Wut sehen in der Phantasie vulkanisch aus. Ungezügelt. Aber das Gesicht hat keinen Ausdruck dafür gefunden. Keine Form für dieses ungelebte Potential der Gewalt. Mimisch keine Möglichkeiten.

Es blieb etwas Amorphes. Etwas für aussichtslos Gehaltenes.

Der Mund läßt sich hängen, dabei will er toben. Aber darauf ist das Gesicht nicht vorbereitet.

Die heruntergezogenen Mundwinkel.

Schutz. Verhinderung. Verhindern die Mitteilung des Zorns.

Halten fern, diesen Abgrund von Stärke und Gewalt.

Das Gesicht legt einen Ausdruck der Bitterkeit darüber.

Medea von Euripides. Das wäre das Stück für die Wut im Innern. Für das *Drama*, den *Auftritt*. Die heimlichen Hauptdarsteller sind *sie*, in Wirklichkeit. Die Solisten. Ohne einen Platz gefunden zu haben. Weder am Körper und schon gar nicht im Gesicht.

Die beiden Kerben auf der Stirn haben mit Anstrengung zu tun: Suche nach der Form, nach dem passenden Ausdruck.

Wenigstens gibt es das Theater, die Wut der anderen. Filme. Ein Schauen und Suchen in den Gesichtern der anderen.

Eine unauffindbare Stelle, das Ganze.

Physiognomisches *black out,* das dem Gesicht eine bestimmte Form der *Unbrauchbarkeit* gibt.

Auch ein Grund, warum es niemals möglich war zu flirten.

Es gab immer nur die unpassenden Mittel.

Im Gesicht immer nur eine Leerstelle.

W. M., geb. 1948, Ärztin, lebt in Berlin

Herstellung eines *Passepartout*

Brav sein: in der Kindheit ein Synonym für das Nichtverrückte. Es be- deutete, ein Gesicht zu haben, das ohne Sexualität ist. Ein Bubengesicht, ein natürliches Gesicht.

Die Familie erlaubte es nicht, daß in ihr Gesichter entstanden, auf die man *fliegt*.

Bloß keine Signale setzen, keine Herausforderung darstellen!

Leben in Form einer Made.

Noch heute diese tiefe Affinität zu mongoloiden Kindern, die in dieser Daseinsform hängengeblieben sind.

Auch ein denkbares Leben: weiterzuexistieren im Schoß der Familie.

Um so verwunderlicher, daß die Sexualität so früh schon einsetzte, im Zentrum stand. Von Anfang an war es die Aufgabe des Gesichts, dieses Geheimnis zu hüten.

Es hatte einen Auftrag übernommen: keine Hinweise zu geben auf die Lust, auf das erotische Verlangen. Wurde so weitgehend in Form gebracht, daß es sich automatisch abwendete, wenn eine schöne Frau zu sehen war. So, als bräuchte es Zeit, um sich wieder zu beruhigen.

Mehr noch, um ungeschehen zu machen, was ihm widerfahren war. Im Grunde: um das Ereignis zu sabotieren.

Herstellung eines *Passepartout* oder: Zurückgewinnung eines neutralen Bodens.

Die Augen, immer leicht entzündet.

Sie mußten die ganze Arbeit übernehmen, stellvertretend. Das Mienenspiel durfte keine Zeichen geben. So wird man zum Voyeur.

Pornofilme, die aufregendsten, hatten immer eine eigene voyeuristische Komponente, das heißt, in die Szene war ein Betrachter eingebaut. Seine Optik war das in Wirklichkeit Erregende. Fernrohre, heimliche Blicke durchs Fenster, der unentdeckte Zuschauer.

Eine Zeitlang bildete der Mund das Zentrum, ließ Männlichkeit zu Wort kommen. Intelligenz. Er konnte reden. Er arbeitete.

Im Gesicht verschwand er beinah, schmal und zurückweichend. Redete mitunter zwei, drei Stunden. Zu viel. Bei den Frauen kam das nicht an, natürlich nicht. Die Erotik war weg: weggeredet.

Man mußte lernen, den Mund zu besiegen.

»Einmal, auf einem Fest, war ich die auffallendste Erscheinung des Abends.« Das Haar war mit Brillantine gekämmt, der Anzug wie aus dem Film *Cabaret*. Alles in allem war es das, was man einen *Anblick* nennt.

Transvestitisches Bild, mit dem Flair von Nachtleben, Amüsement und Triebhaftigkeit. Ein Auftreten, das Angst, beinahe panische Angst ausgelöst hat. Dann lieber der Pullover-Mann sein. Der *Softie*. Lieber der gute Kerl, der sanfte Nichtvergewaltiger.

Ein *deal* mit dem Gesicht, schon lange. Es kommt den ungefährlichen Seiten zu Hilfe, wirbt um Vertrauen.

Das Ich ist beinahe niemals wirklich da. Niemals richtig drin: weder in einem Anzug, noch in einer Situation, schon gar nicht im Gesicht. Aus purer Angst, sich zu verplappern. Offenzulegen, wie stark die sexuellen Wünsche sind.

Aus dieser Angst heraus wird alles unzutreffend. Das geht bis in die Stimme hinein. Da gab es lange Zeit ein eigenartiges Zucken in der Gurgel. Vollkommen unvorhersehbar. Eine Art Wackelkontakt, dann setzte die Stimme aus.

Wie jetzt, zum Beispiel! Der Gedanke daran genügt, schon spannen die Sehnen sich an, die Adern treten hervor.

Es ist wie ein Blitz, der in den Hals gefahren ist.

Eigentlich lauter unterdrückte Grimassen: Ausreißer.

Das Gesicht darf nicht handeln, darf nicht lachen, es darf sich nicht verziehen, nicht *verrückt* ausschauen!

Da bricht es dann aus, geht woanders hin.

Vor kurzem rief mitten in der Nacht eine Studentin an, anonym. Sie säße in der Badewanne und würde Sehnsucht haben: Man müßte verbieten, daß ein Mann *so* gut aussieht! Das sagte sie. Und, sie würde ausflippen, allein schon in Gedanken daran.

Ein absurder Anruf, der aber trotzdem nicht ohne Wirkung geblieben ist.

Jedenfalls hat er dazu geführt, immer wieder vor den Spiegel zu treten und sich zu fragen, ob es nicht vielleicht sogar stimmt.

R. W., geb. 1948, Dozent und Übersetzer, lebt in Paris

Kainsmal *Individualität*

Das unbekannte Gesicht des Vaters und das von Leid gezeichnete Gesicht der Mutter.

Krank und armselig. Wie von einem Märtyrer. Auf Fotos ist die Ähnlichkeit mit dem eigenen Gesicht zu sehen.

Dann stellt sich die Frage, wie *eigen* das eigene Gesicht dann überhaupt noch ist? Ob es nicht ganz das *andere* ist?

Möchte verleugnen. Unterschlagen. Das arme Gesicht in den Hintergrund drängen. Vor dem Bewußtsein es wegschaffen.

Glücklicherweise gibt es dann doch ein paar Stellen, die fremd aussehen, ganz und gar neu sind. Und die mit niemandem geteilt werden müssen.

Unverwechselbarkeit, das hatte mit mühevoller Abarbeitung zu tun. Ein Sich-Hineinknien in Leidensgeschichten, bekannte, unbekannte. Man reinigte sich, schied aus, warf ab. Warf Schrott ab. Die winzige, dreckige Dorfecke, das kleine Nest.

Es gab eigentlich nur eine Möglichkeit: die Masken fremder Leute anzunehmen. Stimmen nachzuahmen. Leute zu imitieren. Wie sie gehen, wie sie dastehn, was sie mit ihren Gesichtern machen. Gespenstisch genau.

Die Masken waren ein Versteck. Oder ein Vorposten.

Alles schien schwierig. Das Gesicht war ernst, in eine tiefe Nachdenklichkeit gesunken. So nahm es nach und nach etwas Fleischloses an. Und es senkte sich nach unten wie ein Trauermond. Es wurde ein langes Gesicht.

Madonnenhaft. Symmetrisch.

In der Kindheit Zöpfe und ein Scheitel. Etwas seltsam Geläutertes. Eine komische Form der Sauberkeit, des reinlich Zurechtgemachten. Der Katholizismus der Großmutter? Er hat die Hautflächen imprägniert mit Bildern und Visionen der Mutter Maria.

Es wird Zeit, daß Freude in dieses Gesicht kommt, es soll lachen dürfen. Zeigen, daß das Leben nicht nur Maloche ist. Ein Gesicht: geprägt und gezeichnet. Geradezu geschmiedet an das Bild abendländischer Individualität!

Ein *Kainsmal.* Eine Illusion. Gefängnis.

Und ein Anachronismus. Mehr und mehr. Einem Gefühl gegenüber, das in eine ganz andere Richtung läuft. Sich in einer Woge winziger Atome erlebt. In einem grenzenlosen Atom-Meer. Kleinsten Zeiteinheiten.

Vielleicht zeigt sich dieses Gefühl irgendwann auch auf dem Gesicht. In Formen einer größeren Weichheit.

An den Rändern: die zunehmend in Auflösung geraten.

Die eigentliche Leistung sitzt in der Stirn, in dieser hohen, viel zu hohen Stirn.

Das Wort von der Denkerstirn war schon auf dem Tisch, bevor diese Stirn gewußt hat, was ein Denker überhaupt ist.

Der Kopf, ein viel zu groß geratener Kopf. Vor lauter Anstrengung. Und er arbeitet! Pausenlos. Das Gesicht kommt dabei oft nicht mit. Als ob es nicht richtig durchblutet wäre. Trotz seiner aufwendigen Mimik. Die Mimik ist gewissermaßen eine Korrektur, eine Art Aufmacher. Sie arbeitet gegen die Strenge des Kopfes, gegen seine Geschlossenheit an.

Einen bestimmten Ausdruck zieht das Gesicht hinter sich her wie einen Pferdefuß. Ein Ausdruck, vor dem andere Menschen unbewußt zurückschrecken.

Niemals wird man sagen: Was für ein liebenswertes Gesicht! Niemals.

Es sind ganz andere Gesichter, die anziehend, schön erscheinen.

Das ist die wirkliche Melancholie dem eigenen Gesicht gegenüber.

Es sieht so aus, als sei es wie eine Strafe für irgend etwas Böses, etwas Dunkles, das es im Innern gibt.

Ja, ein Gesicht kann wie eine Strafe sein.

In den Augen hält sich ein Schrecken. Der tägliche Horror ist buchstäblich in sie hineingefahren. Die Brauenbewegungen sind der Versuch einer Abwehr: Sie spielen ins Mokante, Überhebliche hinüber. Man sieht diesen Ausdruck manchmal auf den Portraits von Gustaf Gründgens, der seine Augenbrauen so in die Höhe ziehen konnte, daß sich ein Doppelbogen bildete.

Zeichen eines gigantischen Narzißmus. Schwierige Empfindungen, aus denen sich häßliche Züge herausbilden.

Die Augen haben etwas Schwaches, Kleines, Unauffälliges. Augen hinter Glas. Andererseits, die Brille wird gebraucht: zum Scharfsehen und zum Allessehen.

Im übrigen, die Gestik, eine Brille abzusetzen, ist von ihrer Symbolik her unangenehm. Geradezu peinigend.

In einem Film, kürzlich, über ein russisches Straflager wurden junge, inhaftierte Systemkritiker gezeigt. Sie hatten geschorene Schädel, die Gesichter waren überdeutlich zu sehen.

Gesichter von einer merkwürdigen luziden Schönheit. Köpfe wie aus der Russischen Revolution. Majakowski-Köpfe. In Filmen von Tarkowski findet man sie auch wieder, Gesichter wie Landschaften.

Endzeitlandschaften, in denen alles naß ist und tropft.

Was übrig bleibt, ist der menschliche Schädel. Das Gerippe, das überlebt hat, wenn alles andere schon gestorben ist. Es scheint ein Stück Unsterblichkeit durch. Eine Form der Verdichtung.

Andere *große* Gesichter: Joseph Beuys oder Andy Warhol. Was von ihnen übrigbleiben wird, sind ihre Köpfe.

Das waren ihre wirklichen Kunstwerke. Der eine mit Hut, der andere mit dem schneeweißen Haar. So sind sie um den Erdball gezogen. Frappierend.

Ob es Frauen gibt, die dazu auch in der Lage wären? Aber vielleicht haben sie einfach keine Lust dazu.

O. G., geb. 1949, Romanistin, lebt in Berlin

Abhärtungen, zwangsläufig

Es gibt die klaren, scharfen, die besonderen Gesichter mit den Falten und Narben als Spuren des Lebens. Die von der Sonne gegerbten Gesichter, bei denen man an Abenteuerlust und Unabhängigkeit denkt. An Leute, die viel herumgekommen sind und sich den Wind um die Nase haben wehen lassen.

Aktive Menschen, keine eingebildeten Helden, sondern reale Leute, Sporttreibende.

Und es gibt die breiigen, schwammigen Gesichter mit Halbglatze, Nickelbrille und Doppelkinn. Die Buchhaltergesichter, die abends mit Bier vor dem Fernseher sitzen, die Befehlsempfänger in Filzpantoffeln.

Ein neuer Mann wurde in der Firma eingestellt, Näheres war noch nicht bekannt. Aber in seinem Gesicht war es zu sehen, daß es ein Buchhalter war. Und, natürlich, es stimmte. Er *war* ein Buchhalter! Typisch!

Das eigene Gesicht reagiert auf alles, was so passiert. Zum Beispiel mit Gewichtsverlust. Die Wangen fallen ein, es wird optisch kleiner. In guten Zeiten wirkt es automatisch kräftig.

Im Sommer sieht es besser aus als im Winter.

Sonne, Bewegung, frische Luft: Erlebnisse machen dieses Gesicht ansehnlich. Im Zimmer wird es leicht schwammig, geht in die Richtung des Buchhaltergesichts. Die Haut fängt an, unrein zu werden.

Ein Gesicht, eher weich, beinahe sanft, noch. Behütet und unverbraucht. Ein Kindergesicht.

Es könnte ruhig etwas verwegener aussehen, etwas *gelebter*. Aber nicht verlebt. Zwischen diesen beiden Möglichkeiten muß man sich irgendwie hindurchlavieren.

Die Nase könnte eckiger, weniger rund sein. Die Augen schmaler, die Brauen stärker. Da ist überall eine zu große Weichheit drin.

Es ist einfach so, daß man bei jedem Menschen auf alles gefaßt sein muß. Wut: ja. Verwundung: nein. Da heißt's, die Zähne zusammenzubeißen.

Die Augen zeigen die Wahrheit am deutlichsten, der Mund sagt nichts. Das Ganze hat mit Abhärtung zu tun. Ein Seiltanz. Die Abhärtung darf nicht in Ignoranz umschlagen. Man muß lernen, auf diesem Seil zu tanzen. Man muß sich irgendwie für dieses Leben *fit* machen.

M. W., geb. 1969, Speditionskaufmann, lebt in Berlin und Sydney

Die Mimik in mafiosen Verhandlungen

Über das eigene Gesicht zu sprechen heißt, sich über eine sozusagen berufliche Deformation anzunähern, über einen Umweg.

Zuerst ein Wort über die Physische Anthropologie: über rassische Unterschiede und somatische Charaktere, die mit Fremdheit zu tun haben. Über Formulierungen wie etwa *der typische Süditaliener.* Oder *man sieht es an der Wildheit der Augen. Die Skandinavier, das sind die mit dem länglichen Gesicht.*

Die Vorurteile von Völkergruppen heften sich ja vor allem auf das menschliche Gesicht. Auch der Ethnologe geht mit einer Fülle von Schablonen auf die ihm unbekannten Gesichter zu. Im ersten Moment fühlt er sich bestätigt, um dann zu erkennen, daß wenig davon stimmt. Der Prozeß der Relativierung setzt ein, das heißt, er gerät in Konflikt mit seinen Vorurteilen. Er nimmt wahr, daß es zu einer Häufung von Ausnahmen kommt.

Man könnte sagen, der Ethnologe ist von Haus aus ein geschulter Relativierer.

Er setzt sein ganzes Können ein, um sich von vorgefaßten Einschätzungen zu entfernen. Seine These, etwa, *alle Paraguayaner besitzen indianischen Einschlag,* beginnt zu bröckeln, und irgendwann muß er sie begraben. Darin besteht seine Arbeit.

Das menschliche Gesicht, eines der wichtigsten Instrumente der nicht-verbalen Kommunikation, unterliegt einem ähnlich schwierigen Erkennungsprozeß. Dabei spielt seine Mimik eine entscheidende Rolle.

In der süditalienischen Kultur zum Beispiel verlegt man alles das, was die Wörter nicht zum Ausdruck bringen können, in das Gesicht.

Augenpositionen, Mundstellungen werden als Sprache eingesetzt: die Basis heimlich mitgeteilter Botschaften. Und diese Nachrichten, diese Art von Wissen hat sich dann im Laufe der Zeit in die Gesichter eingesenkt, hat sie trainiert und ihren Ausdruck geschaffen. Es bildet sich das, was man eine kollektive Mimik nennt, ein Sediment. Beispielsweise ist das eine Auge irgendwann größer als das andere: weil man mit dem einen viele Male gezwinkert hat. Daraus folgt der Effekt des verschmitzten Gesichts.

In Italien gibt es das Wörterbuch der Kriminalsprache. Aber so, wie man sie in Palermo oder Neapel spricht, bleibt sie unverständlich, wenn man nicht gleichzeitig auch die mimischen und gestischen Begleitfiguren beschreibt. Sie sind fundamental. Ohne sie haben die Begriffe keine Kraft.

Unsere bürgerlichen, westeuropäischen Länder, die das *pokerface* idealisieren und die Kommunikation über das Gesicht verpönen, sind natürlich besonders leicht beeindruckbar durch eine Physiognomie, die sich ihre Mimik geradezu einverleibt hat. So etwa in Deutschland, wo das neutrale, das den Ausdruck verweigernde Gesicht zu einem Wert erhoben wurde.

Der Deutsche projiziert aus Mangel: Er deutet das expressive Mienenspiel in den Mittelmeerländern als Ausdruck der Vitalität. Als Ethnologe weiß man aber, daß die *italienische* Mimik durchdrungen ist von Momenten äußerster Kontrolliertheit. Auch übrigens in gefährlichen Situationen, in mafiosen Verhandlungen beispielsweise.

Wenn in Deutschland gilt, daß Mimik tabuiert ist, so macht etwa in Süditalien eine kontrollierte Mimik das Qualitätszeichen des Ehrenmannes aus. Er wird sie sinnvoll einsetzen, um seine Familie über die Schwierigkeiten des Alltags hinwegzubringen.

Für die italienische Kultur gilt sicherlich nicht die Vorstellung, das Gesicht könnte ein Spiegel der Seele sein. Bezogen auf Italien, hat Pirandello (der diese Thematik aus dem sizilianischen Leben heraus entwickelte) immer wieder die *Fassadenhaftigkeit* des Gesichts zum Thema gemacht. Es ist wie ein Paravent, eine Maske. Letztlich die Fähigkeit, die Seele zu schützen: das Gesicht als Verhüllung.

Für den Deutschen mag das anders aussehen, einfach deshalb, weil er weniger geübt darin ist, sein Gesicht zu meistern. Wenn ihn zum Beispiel eine Emotion überkommt, etwa das Gefühl der Angst, drückt es sich ungeschützt, ja eigentlich ungeschult, ohne den Facettenreichtum der Italiener aus. Die einzige Chance für den Deutschen ist es, eiskalt zu bleiben. Eine sehr schwache Möglichkeit. Man kann ihn leicht aus den Angeln heben.

Norbert Elias hat zu Recht in seinem Buch über den *Prozeß der Zivilisation* darauf hingewiesen, daß die menschliche Domestikation gebunden ist an den Verlust der Mimik. Es entsteht das Ideal eines statuarischen Menschen, der sich selbst so vollkommen zu kontrollieren vermag, daß schließlich auch der Ausdruck des Gesichts unter seine Herrschaft geraten ist. Mimik erscheint als Schwäche.

Interessant sind nicht die sogenannten objektiven Vorgänge, sondern die innere Geschichte. Das, was sich *hinter* einem Gesicht abspielt.

Auf welche Weise die Grundlagen einer Kultur beschreibbar sind, die es so oder so gezeichnet haben.

Wie in ihm ein subjektiv gemeinter Sinn zum Ausdruck kommt, dessen Voraussetzungen in seiner kulturellen Umgebung zu suchen sind, in deren Werten, in deren kollektiven Denkhaltungen und historischem Bewußtsein. *Gedeutete* Phänomenologie.

Ch. G., geb. 1945, Ethnologe und Kulturanthropologe, lebt in Fribourg

Das Gesicht pur ist ein Kurzschluß

Es ist nicht gerade das reine Glück, sich ins eigene Gesicht zu schauen. Weil es verkrampft aussieht, sich schlecht dabei fühlt. Und leblos wirkt.

Die Haut ist dick. Im ganzen zu fettgepolstert. Zu teigig. Nicht asketisch genug. Das Gesicht ist nicht häßlich, nicht wirklich, nicht im buchstäblichen Sinn. Und davon will es immer wieder von ganz bestimmten Spiegeln überzeugt werden. Spiegel, die gezeigt haben, daß es sich darin sehen lassen kann. Zum Beispiel der im Fahrstuhl des Hauses. Da gibt es eine Lampe. Und die macht es schön, so schön es geht.

Es gibt Situationen, in denen es zuverlässig agiert. Wo es weiß, was zu tun ist, um bestimmte Dinge zu erreichen. Um Stimmungen zu steuern, Sympathie zu erregen. Es kann kontrolliert Einfluß darauf nehmen. Und erreichen, daß die Leute es auf eine ganz bestimmte Weise sehen oder nicht sehen.

In allen diesen Situationen kommt ein im Grunde unbekanntes Gesicht zum Vorschein. Ein geschöntes, wenig realistisches Bild. Ein weniger faltiges, ein freieres Gesicht.

Ob es vielleicht überhaupt nur existiert in der Wirklichkeit seines Gegenübers?

So wie es ist, pur, allein, ist es ein Kurzschluß.

Autoritäre Strenge ist eine Haupteigenschaft dieses *automatischen*

Gesichts. Ein Zug ins Prinzipialistische. Deshalb braucht es andere Personen. Andere Gesichter. Damit es sich selber in Bewegung setzt. Das heißt, es muß aus seinem angestammten Ausdruck herausgeholt werden, immer wieder etwas Neues probieren.

Aus ihm selber kommt einem nichts Lebendiges entgegen. Ungefähr *so:* das Gesicht schaut in den Spiegel, und es gibt niemand, der zurückblickt. Da ist niemand. Niemand.

Deshalb die Angewohnheit, sprechend auf den anderen zuzugehen. Dabei entspannt sich die Haut, in den Augenwinkeln bilden sich Krähenfüßchen. Dadurch wirken die Augen heiterer.

Auch die Mundwinkel arbeiten: und setzen sich in Bewegung.

Trotzdem, sekundenlang, immer wieder die Empfindung, daß die anderen nicht wirklich wissen, mit wem sie da sprechen.

Daß es einen selber gar nicht gibt. Und alles vorbeizieht wie an einer Erscheinung. Der andere meint, es sei da jemand, aber das ist nicht so.

Schön ist eine bestimmte Art des jüdischen Frauengesichts. Es ist ein Gefühl, ein Fluidum, ein Spektrum. Kein einmaliges, kein bestimmtes Gesicht.

Manchmal der Gedanke, es hätte das eigene Gesicht auch etwas davon. Wenn auch nur ein bißchen.

Wegen der Nase. Und der leicht geschwungenen Wangen. Aber vermutlich ist das nur eine Hoffnung. Einbildung.

Was an diesen Gesichtern so schön ist, ist ihre Klarheit. Klarheit, die nicht erarbeitet wurde, sondern die einfach da ist. Immer schon dagewesen ist. Gefühl und Verstand in der Balance. Ein Respektieren von Gedankengebäuden, die aber sofort beiseite gelassen werden können, wenn etwas anderes wichtiger ist.

Ein weiterer faszinierender Typus: das japanische Gesicht. Ein sauberes, geklärtes Gesicht.

Es fehlt das Toben der Seele. Die ewige Frage, wer bin ich? Wer bin ich nicht?

Gesichter, die weder die Wirklichkeit durchdenken noch sie nicht durchdenken.

Es gibt diese kleinen elfenbeinernen *Netsuke*-Figuren, sie stehen in der Gegend herum und grinsen; Weise, Heiligenfiguren. Oder Tiere. Dämonen. Sie kommen aus dem chinesischen und japanischen Buddhismus. Was an ihnen schön ist, ist ihre Ruhe. Sie liegt in den Augen.

Eine Ruhe, die schwer zu beschreiben ist. Vielleicht auch ein Mangel an Spontaneität. Auf jeden Fall keine Gleichgültigkeit, eher Unbeeindruckbarkeit. Eine innere Gefaßtheit. Auf dem Grund ihrer Augen Gelassenheit.

Die Fähigkeit, mit den Dingen wirklich umgehen zu können, weder naiv noch allzu ernsthaft.

Eine andere, ebenso anziehende Existenzform ist die des *Sir*. Sie hat mit Vornehmheit und Überlegenheit zu tun. Mit *Cool*sein, nicht mit Kälte.

Der *Sir.* Der Buddhist. Das weibliche jüdische Gesicht. In ihnen schließt sich eine Spaltung. Ein Blick in ihre Gesichter, und man hat die Empfindung, daß es keine Zerrissenheit mehr gibt.

G. H., geb. 1954, Verlagsleiter, lebt in Wien

Eigenschaften. Sammelort

In der Gegend des Mundes, um den Kiefer herum gibt es eine Verspannung. So stark, daß sie in der linken Gesichtshälfte zu spüren ist. Beim Kauen knackt es. Ein Muskel spielt nicht mehr mit. Beim Gähnen das gleiche. Dann setzt die Angst ein. Es könnte sich etwas verdrehen, stehenbleiben. Könnte nicht wieder rückgängig gemacht werden. Schon beim Essen eines Apfels gibt es eine Sperre.

Das heißt ja wohl, der Mund hat Angst, macht nicht weit genug auf. Er sagt nicht klar genug, was er will. Als wäre etwas in ihn eingewandert. Alles Versäumte, Fehlgeschlagene. Wut und Enttäuschung.

So bitter, so ewig eingegraben.

Schwer beladen.

Und dabei längst vergangen! Mein Gott!

Es gibt Leute, die morgens im Bett bleiben, weil sie Angst haben vor dem Tag. So ungefähr fühlt sich das Gesicht von innen an.

Das beste ist, möglichst viel Grimassen zu schneiden. Und ganz clowneskes Zeug mit dem Gesicht zu treiben. Dann sieht es aus, als ob ein Gelächter über es hinwegzieht.

Ausgerechnet das Gesicht spiegelt all diese Eigenschaften wider, die unschönen, unvorteilhaften.

Sammelort der Untugenden.

Und der Unzufriedenheit. Die Nase ist auch jetzt noch nicht, wie sie sein soll. Trotz einer kosmetischen Operation.

Die Augen waren immer zu klein. Knopfartig. Geschminkt wirken sie größer.

Durch Farben eine andere Form, eine andere Kontur.

Heute scheinen sie größer zu sein. Wenn der Tag gut war, ohne Computer, ohne Alkohol und Rauchen.

An schlechten Tagen schrumpfen sie. Sehen keine Perspektiven: sehen nur von hier bis da.

Es gibt Leute, die sagen, was für ein Mund! Ein Blumenmund. Die Augen, herrlich! Eine hartnäckige, störrische Eigenschaft, ganz hartnäckig und ganz tief, will das nicht glauben.

Ein Kompliment, und das Bewußtsein verfällt in eine merkwürdige Apathie. »Lügner. Du willst etwas von mir.«

Andererseits trotzdem dieser Wunsch, unter gar keinen Umständen *nicht* angeschaut zu werden!

Die Wahrheit ist: jedem gefallen zu wollen. Egal, wer es ist. Egal. Auch der Müllmann zählt, der Straßenkehrer, einfach jeder.

Manchmal, sehr selten, kommt es vor, wenn die Aufmerksamkeit etwas nachläßt, daß dann auf der Straße, im Bus, plötzlich eine große Ruhe da ist. Dann passiert es automatisch, daß jemand schaut, lächelt. Und wirklich, in diesem Moment sind alle Fragen wie weggewischt: ob heute die Augen groß genug sind oder ob die Nase zu schmal ausgefallen ist.

G. M., geb. 1952, Unternehmerin, lebt in München

Das A und O

Das Gesicht geht auf Distanz. Es versteinert geradezu, wenn die Lage schwer einschätzbar ist. Zum Beispiel jetzt, in der Ungewißheit dieser Gesprächssituation.

Manchmal sind die Augen kalt. Fischaugen haben die Leute schon dazu gesagt.

Eine Zeitlang, während der Arbeit, beim Verkauf von Kopier- und Druckmaschinen, ist das *Handicap* des kalten Gesichts beruflich stark ins Gewicht gefallen. Das A und O dieser Arbeit war die Kontaktaufnahme. Da hat es Absagen gegeben, noch und noch.

Der Bart wächst, wie er will, einmal im Monat wird er geschnitten.

An dieser Stelle eine kleine Strukturlosigkeit.

W. N., geb. 1949, Koch, Heilpraktiker, lebt in Mannheim

Fremde Bühnen

Schwierig, sich vorzustellen, wie die Europäer ihre Gesichter von innen sehen.
(Y. T.)

Der Kopf, das Gesicht: ein Wurzelgeflecht. Höhlen, Zugänge, innere Räumlichkeiten. Gebäude, Schichtungen von Gebäuden.
(A. L.)

Schädel-Zimmer

Der Kopf ist ein Zimmer.

Ein berühmtes Bild von Salvador Dalí zeigt das Gesicht von Mae West, aus lauter Einrichtungsgegenständen zusammengesetzt. Ihre Lippen sind ein Sofa.

Oder die »Casa Malaparte« auf Capri, eine Festung! Ein Bunker mit Sehschlitzen, klarer, harter Rahmen, durch den man auf die Landschaft schaut und sich im Innern eines Schädels glaubt. Man blickt aus dessen Augenhöhlen hinaus auf die Welt.

Anziehend sind Orte, die Sicherheit geben, als wären sie ein Stück des eigenen Leibes. Und Gesichter, die im Laufe der Jahre genau diese Qualität angenommen haben.

Sich auf die Blicke verlassen können, die aus dem Kopf herauskommen.

Es gibt eine Geschichte über Giacometti, der seinen Freund, den japanischen Professor Yanaihara, portraitieren wollte und dabei feststellen mußte, daß er mit dessen Kopf, mit der Fremdheit des Gesichts nicht zurechtkam. Er scheiterte an seiner Unbewegtheit und *Unlesbarkeit*. Das hat ihn zur Raserei getrieben, es wurde schließlich die längste Portraitsitzung, die es in der Geschichte Giacomettis gibt. Sie ging über Jahre und löste eine seiner schwersten Krisen aus.

R. Sch., geb. 1951, Kunstkritiker, lebt in Frankfurt am Main

Zugänge. Höhlen, Nebenhöhlen

Was auf diesen wenigen Quadratzentimetern alles zusammenkommt! Der sogenannte Spiegel der Seele, dann diese Vielzahl von Funktionen, das Schmecken, Riechen, Hören, Sehen und Gesehenwerden. Das Atmen, das Essen.

Allein unsere Zähne. Hunderte von Muskeln, die sich quer durch das Gesicht hindurchziehen!

Und schließlich die Verwandlung, die mit einem Toten vor sich geht. Wie seine Körperfarbe sich verändert, wie das Gesicht auf einmal nur noch ein Gegenstand ist. Weil etwas weg ist und es nichts anderes zeigt als eine Abwesenheit.

Auch ohne Drogen: Man kann sein Gesicht und den Körper *von außen* genau erkennen.

»Mit siebzehn, achtzehn Jahren habe ich mich auf einmal von oben gesehen.« Von hinten, von der Seite, auch den Kopf. Räumlich, vieldimensional.

Der Kopf, das Gesicht: ein Wurzelgeflecht.

Höhlen, Zugänge, innere Räumlichkeiten. Gebäude, Schichtungen von Gebäuden. So, wie über dieser Wohnung noch ein Dachboden liegt und über dem Dachboden der Himmel anfängt.

Wie schnell die Ebenen wechseln, wie wenig zuverlässig die Wahrnehmung ist.

Welt kann auch ganz anders sein als gedacht.

Während des Studiums an der Akademie wurde sehr viel Wert aufs Zeichnen gelegt. Eine Nase. Was ist ein Nasenrücken? Wie sind Au-

gen? Wie offen, wie geschlossen ist ein Gesicht? Bögen, Rundungen.
Wie kommen aus den Augen die Wimpern heraus?

Schwung einer Lippe, die Mittellinie.

Wie sieht das alles bei einer alten Frau aus, die keine Zähne mehr hat? Wie *verhält* sich in diesem Fall ein Kiefer?

Das Zeichnen des eigenen Gesichts.

Aber mit dem Zeichenstift allein war es nicht getan. Man muß das Gesicht von innen heraus sehen. Man muß es in seinem Inneren aufschlagen wie ein Buch.

Zimmer und Gärten und Möbel für die Bühne zu bauen, heißt, die Personen aus ihrem inneren Raum heraustreten zu lassen. Den Raum nach außen zu stülpen, direkt aus der Welt des Textes heraus. Bäume, die gewissermaßen dem Auge der Personen entstammen. Die aus ihren Lidern hervorgetrieben sind.

Aus den Augäpfeln heraus, aus diesem Gesicht, aus dieser Höhle heraus in die Welt hineinschauen.

Und im Tod aus diesen Augen, aus diesem Kopf wieder herausfinden. Eine eigenartige Geschichte, die wir da leben müssen.

Heterosexuelle Männer haben eine andere Physiognomie als homosexuelle.

Homosexuelle Gesichter, sofern überhaupt davon gesprochen werden kann, sind wahre Abbilder, Spektren des sexuellen Begehrens: Es sind *Medien*. Das heißt, es wird mit äußerster Direktheit über die Gesichter kommuniziert.

Vermutlich ist dem heterosexuellen Mann sein Gesicht scheißegal, die Gattin sucht dann später Krawatte und Brille aus. Es gelten die Normen des gutaussehenden Mannes.

Der Homosexuelle dagegen setzt sein Aussehen bewußt ein. Sein Gesicht ist hochbesetztes Gebiet.

Zuerst einmal muß er herausfinden, wer überhaupt sein Ansprechpartner sein könnte. Das Liebesobjekt steht ja keinesfalls schon fest: Wer kommt überhaupt in Frage? Die Verständigung läuft vor allem über die Augen. Ein Mann in einem Caféhaus, ein anderer Mann, sie schauen sich an, einen winzigen Augenblick länger, als es üblich ist. Ein Lächeln, das an diesen Blick angehängt wird. Die feinen Nuancen sind ausschlaggebend, gehören zum Rüstzeug der erotischen Verständigung.

Kaum beschreibbare Kleinigkeiten. Damit ist eigentlich alles gesagt.

Neugierde, Flirt, Verführung, ein Sicherkennen und Aufgeregtsein.

Der Moment des Betrachtens: das Sehen, Gesehenwerden, es dreht sich alles ums Gesicht. Die Verständigung ist zeichenhaft, der Suchvorgang folgt einem festgelegten Reglement.

Die homosexuelle Welt der Männer ist geprägt von der Angst, das Gesicht zu verlieren.

Ewige Befürchtung, zurückgewiesen zu werden. Aus diesem Grund die vielfältigen Rituale des Sichherantastens.

Während man scheinbar nach außen hin offen agiert, behält man das As im Ärmel zurück. Manchmal führt das zu abenteuerlichen Inszenierungen. Sie können in ein stundenlanges Ballett ausarten, in einer Bar, in einer Diskothek. Man steht mal hier, mal dort, rückt etwas näher heran, dann wieder wird Abstand gewahrt. Man bestellt sich ein Getränk, tut so, als wäre man vollkommen uninteressiert. Um dann, um fünf Uhr in der Früh, ein erstes Wort miteinander zu wechseln.

Von einer ganzen Reihe von Männern wird dieses Gesicht, fein gezeichnet, fast zart, asketisch, stillschweigend aussortiert. Kein erfolgreiches Gesicht.

Die neuen Leitbilder und Themen der Schwulen: der Matrose, der Cowboy, der Ledermann, der Motorradfahrer. Jetzt erst sind die wirklich zugrundeliegenden Wunschbilder nach oben gekommen; männlich selbstbewußt gewordene Anteile in der schwulen Selbstdarstellung.

Die Gesichter von Schwulen altern anders, bleiben *babyface*-Gesichter, weich und jung. Vielleicht, weil sie aus dem sogenannten natürlichen Reifungsprozeß des Mannes herausgefallen sind. Die Gesichter haben ein anderes *Schicksal*.

»Ich arbeite an der Veränderung von Gesichtern, das ist mein Beruf.« Mit Hilfe von Frisuren, Make-ups, Brillen, Bräunungen und Bärten. Dies alles dringt ein in die Erotik der Personen, in ihren Charakter. Ihre Gestalt.

Welche Eigenschaften kann man in menschliche Gesichter hineinholen? Welche Retuschen sind möglich?

Gibt es überhaupt noch das sogenannte Reale? Die Welt ist so veränderbar geworden wie ein Foto. Grenzenlos retuschierbar. Was für Möglichkeiten! Man spielt mit den Formen, führt sie ad absurdum. Es ist, als ob sich ein Korsett aufmachte.

A. L., geb. 1960, Bühnenbildner, lebt in Wien

Lieblinge sind blauäugig

»Ich würde aussehn wie ein kleiner Neger, sagten die Leute immer.
Braungebrannt und etwas dicklich.«

Schöner wäre es gewesen, blond und blauäugig zu sein, ohne die
großen, dunklen Kulleraugen. Blond und zart, das waren die Mädchen,
die von ihren Eltern gemocht wurden. Es waren Lieblinge. Die sogenannten Rüscherl-Kinder. Als *kleiner Neger* war man Fremdkörper in
der österreichischen Werbefamilie, Marke Teekanne: Eltern und Kind,
die helle und heile Gesichter haben.

Einmal hat ein Freund eine Gipsmaske gemacht, da kam ein ganz in-
dianisches Gesicht dabei heraus. Aber kaum, daß es da war, stellte
ein Bekannter aus Versehen seinen Fotokoffer drauf, die Maske war
kaputt.

Welches Gesicht ist das wirkliche, die Maske oder das, was im Spiegel zu sehen ist?

Jedenfalls steht hinter dem Spiegel, hinter dem gewöhnlichen Bild,
noch ein anderes Gesicht, persönlicher und unnahbarer.

Unter der Maske war das Gesicht irgendwie es selbst: statisch, un-
leugbar.

»Mexiko City, sagte einmal ein Mann zu mir.« Nein, Ybbs an der Do-
nau, war die Antwort. Und von da ab war klar, ein für alle Mal, man muß
nicht blauäugig sein. Und auch nicht blond.

B. H., geb. 1960, Sonderschullehrerin, lebt in Wien

Mitten in der Nacht

In einem Gedicht von Ringelnatz heißt es: Die Löcher sind die Hauptsache an einem Sieb. Durchlässiges, durchsichtiges Element. Das Gegenteil: die nicht auflösbaren Bilder des Monitors.

Traum des transitorischen Gesichts. Es läßt die Frequenzen, die Bildschwingungen durch sich hindurchziehen.

Das Gesicht des Schauspielers.

Botho Strauß hat einmal geschrieben, in der westlichen Welt würde das menschliche Gesicht niemals bis an die Grenzen seiner Ausdruckskraft vorstoßen. Es seien die Schauspieler, die diese Arbeit für uns tun. Ihre Gesichter würden Leidenschaften kennen, die in unserer Wirklichkeit keinen Ort gefunden haben.

Manchmal kommt es vor, daß man als Zuschauer an ihren fremden Gefühlen teilnimmt.

Das Gesicht imitiert das Gesehene. Manchmal schmerzverzerrt.

Es gibt Hollywood-Filme, die solche Wirkungen ganz bewußt kalkulieren. Sie überrennen die Zuschauer mit psychischen Schockwellen, so daß sie aussehen, als seien sie von einem Erdbeben geschüttelt. Zuschauer, die alles mit sich geschehen lassen. Alles! Gesichter in Panik, schreckgeweitete Augen. Grimassen.

Es gibt Fotos vom Vater, einem Politiker, die zeigen, daß er nach und nach seine Lippen verloren hat. Sein Mund ist immer schmaler geworden.

Das war eine Warnung. Und ein Ansporn, die eigenen Lippen systematisch zu trainieren. Sie übungshalber zu spitzen wie zum Kuß, an roten Ampeln im Auto, vor dem Spiegel, immer wenn Zeit war.

Der Mund: das Sprechen, Füttern und Gefüttertwerden, die erigierte Brustwarze der Mutter. Die erotische Phantasie der Fellatio und der Wunsch, daß die Frau, ohne Ekelgefühle, den Samen in sich aufnimmt. Die Mundwinkel sinken tiefer und tiefer im Laufe der Jahre, sie nehmen etwas von Narben an. Jeanne Moreau hatte von Anfang an diesen Mund. Was für ein Ereignis, sie zum Lächeln zu bringen! Ihr Mund erweckte den Ehrgeiz, den unbedingten Wunsch, die maskenhafte Depression ihres Gesichts aufzulösen.

Eine Merkwürdigkeit: auf Fotos, die das Gesicht besonders entspannt zeigen sollten, die Entdeckung einer großen Traurigkeit.

Und, wie es scheint, weit und breit keine Möglichkeit des Kaschierens. Weder durch die Süchte noch durchs Saufen oder das Erobernmüssen, die Promiskuität. Nichts war stark genug, das diese Traurigkeit in Schach gehalten hätte.

Ein unglücklicher Mensch, würde man sagen. Ein Hamster in seinem Rad. Man sieht die Spuren, die das Hamsterleben hinterlassen hat, die Anstrengung, die Bemühung, den Kampf! Einen Anflug von Feistigkeit auch. Wenn die Wunde nicht mehr schmerzt, schmerzt die Narbe, hat Bertolt Brecht gesagt.

Eine tiefe Beziehung zu den zerstörten Gesichtern. Zeigen, wie oft sie gelogen, gelächelt, geheuchelt, gestritten haben.

Zum Beispiel die Hohlwangigkeit.

Sie verleiht dem Gesicht etwas Nächtliches. Eine Art von Verschattung. David Bowie. Es gibt Schauspieler, die sich dafür ihre Backenzähne haben ziehen lassen.

Faszinierend auch, eine bestimmte Faltenbildung. Sie zieht sich über die Wangen und ähnelt einer Kerbe. Der Schauspieler Thomas Holtzmann hat sie und der Fußballtrainer Johann Cruyff. Man muß dabei an Erotik und Unterwelt denken. An einen Raum der Überraschung und des Unbewußten. An die Nacht. Die Nacht als Synonym für das Reich der Freiheit.

Erinnerungen. An das Aufstehen, nachts, ein Laufen, die Treppe Hinunterlaufen, um auf die Uhr zu schauen. Als ganz kleines Kind. Es gab da etwas wie Ehrgeiz: so lange wie nur möglich wachzubleiben, das Wachsein zu genießen. Und zu wissen, genau zu wissen, wie weit die Nacht schon fortgeschritten war.

Mitten *in der* Nacht zu sein.

Eine frühe Erfahrung mit der Musik. Man hört ein bestimmtes Motiv von Johann Sebastian Bach, fühlt sich in die Logik, in die Abläufe ein und meint zu wissen, wie es weitergeht. Und dann kommt etwas völlig anderes. Was noch viel schöner ist!

Und das passiert auch manchmal mit Gesichtern. Es tun sich mimische Zwischenräume auf, unbesetzte Gebiete sozusagen, bis hin zur Hochstapelei.

Dann kann es sein, daß ein Gesicht *fliegt.*

Th. B., geb. 1955, Schauspieler und Intendant, lebt in Wilhelmshaven

Woher man kommt

Ein fremdländisches Gesicht, mal chinesisch, mal orientalisch und manchmal europäisch.

Das Gesicht ist nicht ein für alle Mal da, es übernimmt fremde Gesichter: ein Werk, ein Lebens-Kunst-Werk, das einem nicht allein gehört.

Viele haben daran gearbeitet.

Vielleicht bringt dieses Gesicht alte Dinge, die es irgendwo, irgendwann auf der Welt gegeben hat, zum Ausdruck. Vielleicht macht es sie sichtbar für andere.

Erkennungszeichen aus anderen Zeiten.

Unbewußtes? Kindheit? Dinge, die verschwunden sind und wieder auftauchen.

Man weiß ja nie so ganz genau, woher man kommt.

Ein kleingeformtes Gesicht, aber ganz und gar ausgefüllt. Ein großer Mund: ein Tor zu Urzeiten? Große Augen, die Brauen sind dicht und dunkel, die Stirn ist hoch. Alles einzelne ist für sich gesehen groß.

Das alles findet auf einer winzigen Oberfläche statt und ergibt ein *Gefühl* im Gesicht. Das Gefühl für den *Zusammenhang aller Dinge*. Ausdruck einer Konzentration, Wille zur Totalität.

Der obere Teil möchte anders sein als der untere, er drückt Trauer aus. Trauer worüber? Über etwas, das unbeachtet geblieben ist?

Aber manchmal ist alles im Gleichgewicht, und dann in Gefahr zu explodieren.

A. B., geb. 1960, Ethnologin, lebt in Wien

Nebenschauplätze

Das Problem sind die Proportionen. Aber was heißt das schon. Man lebt mit seinem Gesicht wie mit einem Buckel, wie mit seiner Herkunft. Man kann es nun einmal nicht ändern.

Die Augen treten zu stark hervor. Der Mund scheint zu groß zu sein. Die Haut ist fleckig. Die Adern treten vor. Die Haare hängen wirr in die Stirn. Die Details lassen einen nicht aufjubeln. Die Bewegung ist es, die etwas erzählt: über das Gesicht eines seltsam betretenen, eines manchmal verlegen lächelnden oder erschrockenen Menschen, der plötzlich im Glas einer Geschäftsauslage sichtbar wird.

Es gab die Zeit, mit zwölf, dreizehn Jahren, wo der Spiegel intensiv zu Rate gezogen wurde. Viele Stunden, lange Nachmittage. Spiegel-Befragungen.

Betrachtungen eines häßlichen Gesichts, das durchs Anschauen und Kopfdrehen und Grimassieren dazu überredet wurde, schön zu werden.

Heute gibt es den Spiegel nicht mehr. Trotzdem, jedes Mal beim Vorbeigehen an dieser Stelle ist die Situation von damals wieder da. Die Scham über einen zu großen Mund, über unregelmäßige Zähne.

Bei gesenktem Kopf, von unten herauf, ließ sich die Nase vergrößern. Der Mund wurde kleiner, die Stirn, dem Spiegel etwas nähergerückt, war deutlicher zu sehen.

Das Profil von links wurde kultiviert, es war gelungener als das von rechts.

Übungen, um mit dem Gesicht zu leben.

Gesten des sich soziabel Machens. Dieses Hineinschlüpfen in andere Gesichter, ein Porös-Werden. Momenthaft. Es beraubt einen für Augenblicke der eigenen Person. Aus der Angst heraus, nicht das richtige Gesicht zu machen.

Dabei ertappt zu werden, das nicht-menschenverständliche Gesicht zu haben.

Manchmal die Möglichkeit, durch die Maschen zu schlüpfen. Sich jenseits der Erwartungen zu stellen: unterhalb davon. Die Miene eines absolut Geistesabwesenden anzunehmen. Sich zu befreien von dem Zwang, einen bestimmten erwarteten Ausdruck treffen zu müssen.

Im Grunde der Wunsch, auf Nebenschauplätzen zu Hause zu sein. Den Blick einzustellen auf ihre Formen der Sichtbarkeit.

(*Wie* jemand auf der Welt ist, *für sich,* ohne das im einzelnen zu denken.)

Dimensionen aufzusuchen, die auch der Stummfilm schon kannte. Er zeigt menschliche Gesichter, Gefühlslagen, die auf den Nebenschauplätzen der Hände, der Untertassen, der Löffel zum Ausdruck kommen. Eine Mikroskopie der Betrachtungsweise. Die Dehnung, Auseinanderfaltung der Bewußtseinsinhalte.

Geistesabwesenheit, Gleichgültigkeit, Selbstvergessenheit. Die Blödheit, das Staunen. Das Aufmerken, das nur mit einem Auge geschieht. Wo das eigene Gesicht: die Wahrnehmung der bewußten Verarbeitung zuvorgekommen ist.

Die Gesichter Marlene Dietrichs, in der Zeitlupe gesehen. Unter ihrem glatten Gesicht läßt die Verlangsamung der Aufnahmen ganz andere Züge sehen. Bilder des Zweifels und der Verwirrung, der Empörung, Niedertracht und Niederlage. Was sich da erschließt, hat mit inneren Vorgängen zu tun. Sie liegen dem perfekten Spiel zugrunde: sind die Basis für die Kunst dieser Schauspielerin.

Das Gesicht ist eine komponierte Landschaft. Es verbannt die nicht erwünschten Gefühle auf den Rest-Körper. Auf die Hände, die Schultern, auf Knie und Füße. Man trägt es wie einen Anzug; es ist zivilisiertes Gebiet, gestanzte Körperlichkeit. Das Gesicht als komplizierte Skalierung, als Index.

Die Anziehungskraft der Frauen liegt in ihrer Art der Selbstsetzung. Ihr genaueres Gefühl dafür, wie man sich zu plazieren hat. Ihr Material ist hundertfach reichhaltiger als das der Männer, die im jüdisch-christlichen Kulturkreis etwas Unterjochtes an sich haben. Bei ihnen wiederum ist die Zerstörungs-Menge sehenswert, das Ausmaß der Charaktermasken, die in ihren Köpfen untergebracht sind.

Das *pokerface*artig trainierte Gesicht. Ein Aktenschrank, abschließbar und disponibel.

Das sind skulpturale Schauspiele.

Andererseits die windigen, eingeklemmten, vom Leben überfahrenen Gesichter. Das Geschlecht der Untertanen.

Ganz weit weg davon die Araberinnen, Inderinnen in ihrer Musikalität, in ihren traumhaften Bewegungsabläufen. Das höhere Quantum an Narzißmus bei den Frauen ist das Vergnügliche!

Etwas *Heidnisches,* das an Überfluß denken läßt: an Eigenleben. Ihre
Gesichter sind ein Spiegel davon.

K. B., geb. 1951, Dramaturg, lebt in Wien und Frankfurt am Main

Nach außen gestülpt

»Vor einigen Jahren sah ich einen Film, in dem ein Mädchen mitge-spielt hat, in das ich mit fünfzehn Jahren sehr verliebt gewesen bin.« Gleichzeitig besaßen ihr Gesicht, ihre Augen, der Mund bis ins klein-ste Detail hinein eine Ähnlichkeit mit dem Gesicht jener Frau, zu der zu diesem Zeitpunkt, zehn Jahre später, eine Liebesbeziehung be-standen hat.

Und dann noch einmal. »In der Zeit zwischen 1983 und 1989 gab es eine Frau, die genauso aussah wie das Mädchen, das ich liebte, als ich sechs Jahre alt war.«

Das will sagen, daß auf der Ebene der Triebgeschichte alles festgelegt ist. Sie ist etwas Gegebenes und keinem Eingriff, keiner Veränderung zugänglich.

Die Anziehungskraft, die für den Nordeuropäer vom *bad guy,* vom Schwarzen, ausgeht, hat mit der Vorstellung zu tun, daß er einer sol-chen Tradition näher steht als wir. Er lebt eine Wahrheit, die in den abendländischen Auffassungen von Moral und Fortschritt übergangen wurde.

Aber genau um diese Wahrheit geht es im Leben. Vorausgesetzt, man ist nicht gerade als Pyromane zugange oder als ein Krimineller, der Menschen zerschneidet.

Es ist wie mit der Kunst: Der, der sie macht, hat kein Programm, das wie eine Schutzmacht über seine Arbeit wacht. Jeder Augenblick ver-langt, sich neu zu entscheiden. Und zwar so, daß es den Künstler selbst verblüfft. Daß er staunt über das, was da auf einmal vor seinen Augen entsteht.

Schreiben, um durch sich selbst in Verwirrung gestürzt zu werden.

Die Strecke, die es zurückzulegen gilt entlang der Wörter und Sätze und Geschichten, ist bestimmt von der Absicht, eine gegebene Form, einen Horizont des Verstehens auszudehnen, über ihn hinauszugelangen.

Was immer die Menschen tun, sie bewegen sich zwangsläufig innerhalb eines gesellschaftlichen Erfahrungshorizonts.

Beispielsweise: Man erblickt das schöne Gesicht einer Frau, die sich in Begleitung eines Mannes befindet. Die Bewunderung für sie wird sich aber zu zügeln wissen, wenn sich herausstellt, daß es sich bei diesem Mann um einen Jugoslawen handelt.

Diese Spannung – Wahrnehmung und Bewahrung des Horizonts einerseits und Erweiterung, Entgrenzung andererseits – ist eine allen Dingen zugrundeliegende Matrix.

Der Wechsel zwischen eigener Wildheit, biografischer Geschichte und gesellschaftlicher Gegebenheit.

Das ist die Folie fürs Schreiben wie auch, notwendigerweise, der Stoff, das Muster, aus dem ein Gesicht hervorgeht.

Gefällt es, gefällt es nicht? Es entscheidet sich im Augenblick. Innerhalb von zwei Sekunden. Ob eine Wirkung einsetzt oder nicht.

Manchmal, auf der Straße, da gibt es plötzlich einen Menschen und den Wunsch, ihm ganz direkt zu sagen, welchen Eindruck man von ihm hat.

Diese Entschlossenheit zeigt sich als Ausdruck im Gesicht.

Es erregt bei den Menschen das Gefühl, daß sie es hier mit einem nackten, unbedeckten Gesicht zu tun haben. Seine Formen sind nach außen gestülpt.

Die Augenpartie, der Mund: knochig, fast ohne Fleisch. Bis zum äußersten schmucklos.

Die Freiheit, die sich auf einem Gesicht zeigt, bedeutet nichts anderes, als daß seine Beziehung zur Scham weniger zivilisiert ist als allgemein üblich. Das heißt, je weniger Scham Eingang gefunden hat in ein Menschenleben, desto unverstellter wird der Ausdruck der Wünsche und Leidenschaften sein.

Kein Zufall, daß Intellektuelle sich von der Rockmusik der fünfziger Jahre angezogen fühlen. Diese Musik lebt eine ganz bestimmte Beziehung aus, die man zu Körpern haben kann. Zu Biografien, zum eigenen Fatum. Das ist ihre Kraft.

Und das hat wieder zu tun mit Schamlosigkeit: mit Gesichtern, wie sie unter europäischen Intellektuellen ausgestorben sind.

St. L., geb. 1955, Schriftsteller, lebt in Stockholm

Leicht wie ein Schiff

Was ist an diesem Gesicht so fremd für die Europäer? Was an ihm ist das *Japanische* für sie? Es gibt Momente vor dem Spiegel, ganz kurz nur, wo das plötzlich zu sehen ist, wo es erkennbar wird.

Als ob sich das Bild, das ja im Spiegel feststeht, mit den Gedanken verändert, die man sich selber darüber macht. Als ob das eigene Gesicht laufend anders aussähe: fremd, dann wieder normal, fremd und wieder wie gewohnt.

Das Spiegelbild zeigt eine Japanerin, in die ein Stück Europa eingedrungen ist.

Vor allem ist es der Gesichtsausdruck, der verlorengeht. In Japan würde er etwas bedeuten. Würde Hinweise geben, einen Rahmen. Das alles ist weggefallen.

Die europäischen Gesichtsausdrücke fehlen aber auch! Für sie sind allein schon die physiognomischen Voraussetzungen nicht gegeben.

Also ist dies ein Gesicht, das schwer zu verstehen ist. Ein ungewolltes Vakuum.

Das eigene Gesicht, von innen gefühlt.

Die Feuchtigkeit von Lippen und Atem, die Luft in der Nase, die Haut, das *Fleisch von innen*. Das ergibt zwar kein einheitliches Bild, aber doch ein sicheres Gefühl. Eine Wahrnehmung davon, daß da ein Gesicht ist.

In Japan gibt es in der S-Bahn tief schlafende Menschen. Ihre Gesichter wissen nichts davon, wie sie aussehen. Daß sie verzogene Mienen, offene Münder haben. Daß ihnen ein Zurückgehen in die Kindheit anzusehen ist. Babyhafte Züge. Es spielt keine Rolle.

In Deutschland, in Hamburg, würde sich niemand mit einem solchen Gesicht in der Öffentlichkeit zeigen. Man macht ein anständiges Gesicht. Es soll den anderen etwas *sagen*. Es soll sagen, daß alles in Ordnung ist. Und daß es das Gesicht eines Erwachsenen ist. Ein *absichtliches* Gesicht. Eins, das Bilder und Haltungen zum Ausdruck bringt. Mienen, die etwas Vorführendes an sich haben.

Schwierig, sich vorzustellen, wie die Europäer ihre Gesichter von innen fühlen.

Einerseits, da gibt es den Zwang, sich mit seinem Gesicht verständlich zu machen. Darauf zu achten, daß es verstanden wird. Andererseits der Wunsch: diesen Gedanken zu vergessen und sich allein von innen zu spüren. Nur Wärme oder Kälte. Feuchtigkeit oder Trockenheit. Bewegung. Oder Stillstand.

Man sagt oft, die japanischen Gesichter seien maskenhaft. Das gleiche könnten die Japaner über europäische Gesichter sagen.

Gesichter, die zur Übertreibung neigen und durch und durch theatralische Züge haben. Künstlich hergestellt, gesellschaftlich erlernt.

In Japan schauen sich die Menschen auf der Straße nicht in die Gesichter. Sie nehmen sich wahr, ohne auf etwas Bestimmtes zu achten. Ohne besondere Eindrücke aufnehmen zu wollen.

In Europa geht es immer um den Blickkontakt. Deshalb schauen die Deutschen oft so lange in dieses ihnen fremde, in das *japanische* Gesicht. Sie wollen es dazu verleiten zurückzublicken.

Aber es blickt nie zurück.

Trotzdem, es wäre aufschlußreich, ihre Gedanken zu kennen. Vermutlich denken sie, daß ihrem Blick aus irgendwelchen Gründen ausgewichen wird. Daß man ihnen böse ist. Oder daß Schüchternheit der Grund ist.

Von sich aus, ein vollkommen ruhiges Gesicht. Ohne ein Zentrum zu haben. Deutsche Freunde nennen es ein verschlafenes Gesicht.

In Japan geht es um etwas wie Ausstrahlung oder *chi,* wie es dort heißt. Um Atmosphäre, *Stimmung.* Etwas, das man nicht sehen kann, nur spüren. Etwas, das aus jedem Körper herauskommt.

Das ist so zu verstehen. Die Menschen in Europa wirken von ihrer Sprache her manchmal stark, selbstsicher. Aber ihre körperliche Ausstrahlung ist unsicher, ängstlich.

In Japan hat ein ängstlicher Mensch auch keine sichere Sprache.

In Deutschland haben die Menschen schwere Gesichter, sie sind ernst und nehmen alles wichtig. Immer geht irgend etwas schief, und so geraten die Gesichter tiefer und tiefer in das Gefühl der Vergeblichkeit hinein.

Bilden Falten aus. Schrift-Züge des Schmerzes.

Die Gesichter der Japaner sind glatter, voll von Oberfläche, leicht wie ein Schiff, ohne Tragik und Tiefe.

Das europäische Gesicht ist perfekter, aber immer bedroht von Erstarrung. Es ist gewissermaßen falsch benutzt, wenn es stillsteht. Gut geformt. Schön: in Anführungsstrichen. Ein Bilderbuch-Gesicht, so wie es die Japaner schätzen und aus dem Fernsehen kennen. Ein schmal geschnittenes Gesicht mit großen Augen, hoher Nase. Es gibt Japanerinnen, die sich solche Gesichter operativ machen lassen. Die Nase wird mit Silicon aufgefüllt, in die Augenlider eine zusätzliche Falte gelegt. Ohne es zu wissen, tragen die Frauen ein verfälschtes Europa auf ihren Gesichtern herum; Film- und Bühnengesichter. Die westlich-amerikanische Physiognomie ist die Physiognomie des *Siegers:* Man möchte Teil seiner Überlegenheit sein. Eine Hypothek des Krieges.

Das eigene Gesicht sieht ziemlich typisch aus. Mehr läßt sich im Grunde nicht darüber sagen.

Unmöglich, über Einzelheiten zu sprechen, über einzelne Teile. Das Gesicht stellt keinen Besitz dar, es gehört nicht uns selbst. Und läßt sich darum auch nicht auseinandernehmen.

Das, was jetzt redet, ist ja das Gesicht: Es ist der Mund.

Wie kann man gleichzeitig über seinen Mund etwas sagen, während er spricht?

Um das tun zu können, müßte man im Kopf sehr viele, sehr unbequeme Schritte machen.

Es fließen die Funktionen und Bedeutungen ineinander. Der Mund und das Sprechen. Augen und Sehen. Das Gesicht und das Gefühl dafür, ein Gesicht zu haben.

Zum Beispiel die Augen. Ein ganz und gar absurder Gedanke, über sie etwas zu sagen, etwa Unterschiede herauszustellen zwischen ihnen und den Augen anderer Japaner.

Der fremde, der unausdenkbare Schritt ist: die Unterscheidung. Einen Ort zu finden, von dem aus man die eigenen Augen im Unterschied zu den Augen der anderen sehen kann. Aber wie kann man an zwei Orten gleichzeitig sein, hier und gleichzeitig dort?

Nur eine gesichtslose Person könnte etwas über das eigene oder über das Gesicht eines anderen sagen.

Höchstens ließe sich über das Spiegelbild sprechen.

Wie heraussteigen aus dem eigenen Gesicht? Um es dann von außen betrachten zu können.

Ein surrealistisches Bild: Auf einem Operationstisch werden Augen entfernt, damit sie besser gesehen werden können.

Das geht schon deshalb nicht, weil auf diese Weise nämlich keine Augen mehr da wären, die die eigenen Augen noch sehen könnten.

Das Wort Zerstückelung.

Auch Verletzung.

Beides hat sehr viel mit der europäischen Vorstellung von *Individualität* zu tun.

Y. T., geb. 1960, Schriftstellerin, lebt in Hamburg

Der harte Schnitt

Die Firma hatte einen *coach* engagiert, der mit den Führungskräften ein Wochenende lang gearbeitet hat. Unter anderem ging es um eine Übung, die zeigen sollte, wer im Leben des einzelnen der wichtigste Lehrer gewesen sei. Das ganze Dasein ist dabei noch einmal aufgetaucht, bis hin zum Tod. Zu der Art von Tod, die jeder sich so vorgestellt hat. Und wirklich. Am Ende war er klar und deutlich zu sehen, der Lehrer. Und was sich zeigte, war das eigene Gesicht. Die eigene Person.

Die wichtigste denkbare Erfahrung, die wesentlichste, die man überhaupt mit seinem Gesicht machen kann.

Angesiedelt, wo? Von welcher Herkunft? Die Züge sind die eines Verfolgers.

Zeit der Inquisition.

Eine Neigung dazu, nicht locker zu lassen. Manche Leute fühlen sich wie *überführt*.

Mag sein, daß das kurzgeschorene Haar, das Anliegende, der harte Schnitt, die Ökonomie des Gesichts damit irgend etwas zu tun haben.

Der Kopf, so wie er aussieht, hat etwas Zurückgenommenes an sich. Und etwas Geordnetes.

A. R., geb. 1955, Finanzmanager, lebt in Wien

Futuristische Geister

Vielleicht ist ja der Kopf ein Gestirn. Ein Gestirn, das sich nicht dreht.
(B. H.)

Rockmusik kann Gesichter wegfegen, ein Riff von Jimmy Hendrix. Intensitäten.
(Th. R.)

Passiv und ruhig wie eine Skulptur. Voll von Symmetrie. Und Anonymität, wie ein buddhistischer Text.
(P. H.)

Neuronale Netze

Auf einem Schülerfoto, eigentlich ein fröhliches Bild mit zwei Osterha-sen, sieht das Gesicht verletzt aus. Genauso kippt es manchmal heute noch weg, kehrt zurück in dieses Bild. Verliert Kontur. Der Mund wird schief, als ob er schielt.

Redet auch anders, im letzten Moment wird ihm etwas weggedreht und fällt zurück in den Mund. Die Stimme ist kehlig, die Züge lösen sich auf.

Die Haut wird blaß, ist schlecht durchblutet.

Präsent sein dagegen heißt, im Gesicht sein. Ein Stückchen drüber, beinah über dem Kopf. Die Wangenknochen sind ausgefüllt, das Fleisch hält.

Ein Gesicht mit einem vorstehenden Kinn. Verspannt, entgegenge-stemmt. Auf diese Weise kommen beim Singen oft nicht die richtigen Töne, werden verfehlt. Beim Singen muß das Kinn weich sein, beinahe dumm aussehen. Töricht geradezu. Erst wenn es fliegt, kommen die Töne.

Friedrich Nietzsche verlangt vom Philosophen, er müsse durch tau-send Arten von Seelen gegangen sein. Er muß es auf tausend Arten mit dem Leben versucht haben: um etwas über das Leben sagen zu können.

Man muß also auch tausend Gesichter haben, die dieses Le-ben darstellen können. Begehbare Gesichter. Porös gehaltene For-men, permissiv die Haut. Damit viele Gesichter hineinpas-sen.

Das eine Gesicht ist wie ein Gefängnis. Bunker hat Ronald D. Laing es genannt, und Ralph Waldo Emerson spricht vom Beifallsgesicht. Sich verabschieden von der Illusion, daß uns nur ein Gesicht gehört. In Wirklichkeit ist es ein relationales Gefüge. Es setzt sich zusammen im Blick des anderen: Seine Facetten entfalten sich zur Figur.

Die Erregung, das Erzittern, inneres Feuer. Elektromagnetische Spannung. Perkussion. Mit welcher Ruhe und Einförmigkeit dagegen manche Leute die schwerwiegendsten Dinge von sich geben. Das Gesicht *bleibt*. Steht unter dem Zwang, Stufen, Stationen seines Ausdrucks unterschlagen zu müssen.

Das abendländische, das herrschaftliche Gesicht, die kontrollierte Struktur.

Seine Besonderheit: sich unter den Bedingungen von Rationalität und Distanz zu entfalten. Das heißt, inkompatibel zu sein. Abwehrbereit gegenüber dem Ereignis.

Eine Form der Nekrophilie.

Man kann auf ganz bestimmte Weise atmen, tanzen, singen, sich bewegen, *sich verrücken;* auch ohne Drogen. Hilfestellungen, um sein eigenes Gesicht kennenzulernen. Gesichter, die man noch nicht hat. Sie kultivieren.

Gut, sich in diese Zustände einzuüben.

Die neuronalen Netze verfeinern.

Aktivierung, neue Verschaltung: Fluktuation im Kopf, das sind die Etappen.

Gesichter wie sie sein können: weiträumig, vielstimmig, vielgesichtig.
Wie die Musik von Hendrix. Rockmusik kann Gesichter wegfegen, ein Riff von Hendrix, und sie sind weg! Sobald Intensitäten stark genug sind, überlisten sie den Schild der Rationalität, das Überich-Gesicht. Das gefrorene Gesicht.

Auch der Faschismus verfügte über Intensitäten, die aber auf Gleichschaltung statt auf Differenzierung hinausliefen. Man muß lernen, diesen Abgrund der Geschichte zu überspringen. Um nicht ein für alle Mal an einem falschen Therapeuten und Schamanen hängenzubleiben. Erfahrungen machen statt sie ausschalten.

Sensibilität: etwas mit dem Gesicht geschehen lassen. Schönheit des Lassens.

Auflösung herausfordern.

Trainieren. Um plastischer zu werden.

Die Synchronizität von Gesicht, Sprache, Gefühl, Körperlichkeit denken! Zustände der Kohärenz und direkten Verknüpfung.

In den Gesichtern mancher Gitarristen kann man sehen, wie musikalische Zustände sich darin eingeschrieben haben. Ein Ton, der in der Gitarre sitzt, sitzt dann auch im Gesicht.

Gar keine Haut haben. *Gehäutet* sein.

Th. R., geb. 1953, Filmer, Musiker, Sänger, lebt in Köln

Paternoster

Ein Gesicht, das nicht zu übersehen ist.

Wer das tut, will es nicht sehen oder mag es nicht. Man kann es nicht nicht sehen. Manche Leute sagen, es braucht den großen Auftritt, es sei ein Angeber-Gesicht.

Das hat dazu geführt, daß es sich zurücknehmen möchte, künstlich verkleinern. Sich oft am liebsten unter einer Tarnkappe verstecken.

Es hat Ausdruck. Das kommt von dem kleinen Paternoster im Inneren: Er läuft durch Herz und Kopf, Kopf und Herz.

Die Form ist knochig, asketisch. Es gab immer Leute, die es häßlich, herb, abstoßend fanden. Mit zunehmender Intelligenz, mit den Jahren veränderte sich die Struktur. Es war einmal ein rundes, tumbes Gesicht, dann traten die Backenknochen vor, die Form streckte sich, wurde schmal. Die Nase spitzte sich zu. Das Gesicht wuchs ins Leben hinein.

Früher war es höchstens im Liegen schön. Das Gesicht einer Bettschönheit. Im Bett war das Gesicht entspannt, sehr weich. Im gewöhnlichen Leben fehlte ihm das. Ihm fehlte Liebreiz, diese entscheidende weibliche Waffe.

Seine Waffe war ein Blick, der durch die Dinge hindurchschauen kann.

Eine Freundin behauptete, es hätte Ähnlichkeit mit Riemenschneiders Apostel Johannes.

Ein Wort, das ins Zentrum getroffen hat. Weil es mit einem heimlichen Wunsch zu tun hat: mit dem Wunsch, ein Engel zu sein.

Jahre später sagte tatsächlich einmal jemand ganz direkt: Du bist ein

Engel. Und da war es heraus. Ein Gefühl großer Unabhängigkeit, riesi-
ger Reichweiten lag in diesem Wort. Engel haben kein Geschlecht, sie können fliegen. Es sind grandiose Wesen mit starken Gesichtern.

Engel. *Angel.* In eine zivilisierte Sprache übersetzt könnte es heißen: eine *Lady* sein.

*Anglo*phil sein. Beherrschung, Einfachheit, Vornehmheit. Kultur. Dies oder jenes ist *simply not done.* Man kann es nicht machen.

Die Menschheit ist ohnehin auf dem Weg, sich Existenzen wie diese zu schaffen.

Entwicklung heißt nichts anderes.

C. D.-F., geb. 1921, Schauspiellehrerin, lebt in Berlin

Wir Welt-Teile

Jede Faser *Welt* ist kartografisch genau eingewandert in die Haut des Gesichts und damit festgelegt.

Welten und Meta-Welten.

Alles das, was dem Gesicht widerfahren ist, äußere und innere Wirklichkeiten. Ihre Mischungsverhältnisse. Proportionen, Disproportionen. Abspaltungen.

Dieses oder ein anderes Gesicht, in der Kindheit ist man sich nicht sicher. Fünf Stunden, sechs Stunden, die vor dem Spiegel vergingen: wo man dachte, daß plötzlich ein anderes, fremdes Gesicht hinter dem bekannten auftauchen könnte. Eine abgelegte, frühere Form. Abrufbar im eigenen Gesicht. Eine immer vorhandene andere Möglichkeit.

Mit diesem Gesicht gab es nur eine Möglichkeit. Die, eine Außenseiterin zu werden. Ein Stein des Anstoßes.

Die Kinder des Dorfes hatten blonde Zöpfe, nichts Orientalisches an sich. Nicht diese gebräunte Haut, die dunklen Augen. Das Auffallendste aber waren die Lippen. Der volle Kuß-Mund: mitten im Gesicht ein Sexualorgan.

Später würde man den Mund operieren lassen. So daß nur eine schmale Linie zurückblieb. Oder auch, ihn so stark schminken, daß er eben dann auf diese Weise *aus dem Verkehr* gezogen wäre. Wer sich an diesen Mund heranwagte, war von ihm gezeichnet.

Ein häßliches Gesicht, sagten die anderen. Abstoßend sogar.

Es gab auf diese Weise keine Chance, je ein Dorfkind zu sein. Die Abweichungen waren so gewaltig, daß es in der Provinz keine Überlebensmöglichkeiten gab.

Mit den Augen verbinden sich ähnliche Erfahrungen.

Im Grunde sind es große und schöne Augen, weitgeöffnete Augen. Unglücklicherweise war im Latein- und Griechischunterricht häufig von der Kuhäugigkeit schöner Frauen die Rede.

Schrecklicher Gedanke. Hatten vielleicht die Augen etwas davon, von dieser Kuhäugigkeit? Da die Kuh in Westeuropa alles andere als ein gutaussehendes Tier darstellt, war diese Vorstellung in höchstem Maße unangenehm. Tatsächlich ist es so, daß Kühe ganz wunderschöne Augen haben: wenn man sich einmal in sie vertieft hat. Großflächige Augen, in denen viel Weißes um die Iris herum zu sehen ist.

Die offenen, weitgeöffneten Augen. Ein *Mehr*sehen.

In dem Dorf wußten die Kinder schon im Alter von acht Jahren, wen sie heiraten würden und wie viele Kinder sie haben werden.

Dabei gibt es so viel auf der Welt, so viel, das der Erfahrung entgeht. So viele Fragen.

Welche Ströme wohin strömen. Warum die Menschen in den Städten wohnen. Warum die Bäume so sind, wie sie sind. Warum überhaupt alles so ist. Mann und Frau. Farben. Sterne. Steine und Enzyme.

Alles ist groß in diesem Gesicht, die Augen, der Mund, die Nase, sogar die Ohren. Großflächige Formen: weite Pole.

Ausdehnungen. Dramatische Entwürfe.

Ein Auseinandergleiten in die Extreme. Gefühls-Erweiterungen. Gedanken-Sprünge.

Anstrengend!

Wir alle sind Teile, Welt-Teile.

Wir sind nicht nur wir selbst. Sondern auch Gegenstände unter anderen Gegenständen. Wenn Goethe von seinen Depressionen heimgesucht wurde, ging er aufs Land und ließ sich von einem klugen Menschen die Minerale erklären. Damit war er wieder »angeschlossen«. Er war angelangt *in der Welt,* in einem kleinen Feld und partizipierte am Leben.

E. C., geb. 1946, Schriftstellerin, lebt in Berlin

Odyseeische Struktur

Viele Jahre lang trug dieses Gesicht eine tragikomische Maske: die Maske des »gewinnenden Lächelns«. Das Lächeln eines freundlichen, weiblichen Kindes, kein Junge lächelt so.

Man kennt aus dem 18. Jahrhundert jene gräßlichen Geschichten, in denen dem erstgeborenen königlichen Bastard eine eiserne Maske, eingefaßt in Samt, direkt aufs Gesicht geschmiedet wurde. Sie war so eng gefaßt, so hart mit dem Knochenbau des Gesichts verbunden, daß sie sich erst abnehmen ließ im Augenblick des Todes. Man konnte sie nur entfernen, indem man sie aufschweißte. Eine Befreiungstat, die mit dem Leben bezahlt werden mußte.

Und so, genau so, konnte auch die Maske des Lächelns nur entfernt werden, wenn man dafür gestorben war.

Ein Gesicht, das anderen Menschen Angst macht. Jetzt. Ein Gesicht ohne Schonklima. Fast eine Rarität. Gewissermaßen erschlankt. Das Lächeln der Maske ist fort. Wahrnehmbar geworden die Strukturelemente, das Skelett.

Der Totenschädel.

Ein stufenloser Übergang zwischen Knochen, Haut und Mimik.

Ein knochiges Gesicht, ein kühnes Gesicht? Es sagt: Ihr kriegt es mit mir zu tun.

Die Drohung, die es ausstößt, heißt Authentizität.

Ein Ausdruck, der jetzt oft an ihm zu sehen ist, ist der von Verdrossenheit und Wut. Von Gewitterschwüle. Dann kommt der Blitz. Und wer von ihm getroffen wird, der hat nichts zu lachen.

Und sei es ein Baum.

Der brennt dann eben ab. Blitz ist Blitz. Vielleicht hat dieser Blitz mehr recht als der Verstand, der ihn zurückhalten möchte? Vielleicht weiß er mehr, der Blitz? Es ist in Wirklichkeit der Geist, der etwas Zürnendes hat, der voll von Wut ist, nicht der Verstand.

Bittende Freundlichkeit wie die eines Hündchens: Das *war* einmal.

Man kommt aus dem Bauch einer Frau, aus dem Mutterleib. Aus einer Art amorpher Erde. Lebt eine Zeitlang über dem Erdboden, um dann in die Erde zurückzukehren. Wie die Sonne, die aufgeht, kulminiert und untergeht.

Das Gesicht, Haut, Ausdruck, die sichtbaren Züge liegen oberhalb, und was darunter ist, der Schädel, ist Knochen und Erde. Und so, genauso, wird eines Tages jede Biografie wieder in der Erde untertauchen.

Es wächst das Gefühl dafür, daß dieser Schädel mit Plasma, mit Plastik, mit der Tätigkeit des Gestaltens zu tun hat.

Mit dem Zugrundeliegenden, dem Skelett.

Das Gesicht: als wäre es ausgeschmolzen.

Daß es seine Würde bewahrt hat, der Maske des gewinnenden Lächelns zum Trotz, ist allein diesem Skelett zu verdanken. Seine Substanz ist ihm erhalten geblieben. Der Knochen hat dafür gesorgt, daß dieses Lächeln nur zeitweise da gewesen war. Sich nicht für ewig festgebrannt hat zwischen Kiefer und Wangenbogen.

»Ich schaue jetzt in den Spiegel. Ich fixiere meinen Blick auf die Pupille.« Auf diese Weise läßt sich ein beinahe hypnotischer Zustand her-
beiführen. Einfach, indem ein paar Realitätsebenen übersprungen
werden.

Ein Mast ist zu sehen, ein Schiff, das leck ist, sich aber erstaunlich
gut über Wasser hält. Die Segel sind halbzerfetzt. Ein Mann, der an
den Mast gebunden ist, hält mit einer unglaublichen Kraft, ja Frechheit
den Kurs. Unglaublich frech!

Sirenengesänge treffen sein Ohr, treffen seinen Schwanz. Sein See-
lenzustand ist vergleichbar mit dem des Schiffs: zerschlissen. Aber mit
einer ungeheuren Eleganz des Geistes kann sich dieser Saukerl behaupten! Er, der gerade den einäugigen Kyklopen Polyphem um seine
Identität betrogen und ihm sein »Erkenntnis«auge ausgebrannt hat.

Deshalb ist seine Intelligenz herzlos, fruchtlos, kalt. Er kann den Sirenen zuhören, der Schwanz steht, das Herz ist unberührt.

ODYSSEUS. Die Struktur der Unverfrorenheit. Die Götter herausfordern zu *müssen*. Odysseus, der Rationalist: Lieber hört er den Sirenen
zu, als mit einer Frau ins Bett zu gehen. Er möchte den Genuß, die
Sinnlichkeit. Aber ohne ihren Körper, ihren *corpus* zu riskieren.

Der Mann mit dem kaputten Schiff, mit der kaputten Seele. Aber ein
genialer *trickster* der Antike. Es ist genau diese herausfordernd ste-
chende, kühne Geste, die neue Realitäten setzt.

Das alles steht in diesem Gesicht. Die Odysseus-Struktur. Ein Kerl,
der nicht locker läßt. Und wenn es weh tut!

Über die Pupille: über Augapfel, Hornhaut, Glaskörper und Sehnerv ein Blick in die Seele.

»Ich sehe die *alten* Bilder.«

ODYSSEUS, der Kopf.

Und der Kopf ist voll von Eisen und Soldaten.

»Und ich sehe dich.« Als ein Teil von Pallas Athene, ein Teil Minervas, eine Facette von Venus. Alles zugleich: Inhalte des Unbewußten, die mit uns verwandt sind.

Die linke Augenbraue, die hochgezogen ist. Reagiert sehr genau auf die Komik von Situationen. Und zwar auf die Essenz. An dieser Stelle macht das Gesicht keine Fehler.

Die Nase ist sich nicht zu schade, in der Liebe mit Gerüchen, mit Flüssigkeiten, mit tabuierten Dingen zu tun zu haben.

Auch mit Berührungen, die ins Reich der Koprophilie abgeschoben wurden.

Die Nase ist verwegen, besitzt *schweinische* Qualitäten. (Ein pornokratisch veredeltes Organ.)

Auch das Schwein steckt seine Nase überall hin. Ein besonders lebensnahes, instinktsicheres Tier, alles andere als ein Scheusal.

Die Zähne haben einen Engstand, vorn. Ein Zeichen dafür, daß das Bewußtsein ein Stück Realität festhält, zusammendrückt: nicht freigesetzt hat. Etwas zu eng Gefaßtes. Es schlummert noch und hat bisher keinen Ausdruck gefunden.

Das in die Ecke gestellte Kind in uns. An diesem Punkt muß man eine Fehlerquelle des Ich vermuten.

Die Zahnstellung eines Menschen ist unvergleichbar; genau wie ein Fingerabdruck.

Die Augen mit ihren unscheinbaren Wimpern, zu kleine Augen, zu klein im Grunde für das, was sie sehen können.

Beim Lachen zeigt sich ein unästhetischer Augenschnitt. Etwas Gequetschtes. Schlitzäugiges.

Wahrnehmung aus der Sicht eines Schweins.

Jedenfalls eine wenig seelenhafte Betrachtungsweise. Der Blick aus Adleraugen wäre schöner.

Augen, die weder wunderbar noch unvergeßlich sind. Aber man kann in ihnen das Zusammenfließen von eiskalter Klarheit, von enormer Kraft und Zuverlässigkeit sehen. Ein kaltes Bad. Ein Kälteschock für die Seele, die da hineinspringt. Das ist die eine Seite.

Die andere, sich vom Wasser tragen zu lassen. Bertolt Brecht hat über das Schwimmen in Seen und Teichen geschrieben. Davon hat er etwas verstanden. Er wußte, daß der menschliche Körper unter Wasser Erdenschwere abstößt. Plötzlich leicht wird: wie ein Mensch im Weltraum.

Wie ein Engel oder ein Raumfahrer der Zukunft. Schwerelos. So wird man zum Badewannen-Fan.

Wer in diesen Augen untertauchen will, muß auch den Mut haben, die kalte Temperatur des Sees auszuhalten. Keine Angst zu haben vor der

Kühle, die daran erinnern soll, daß er *er* ist und daß sein Selbst nicht verschwimmen darf mit dem eines anderen.

Der Mund? Er ißt, er spricht, er küßt. Zuerst den Busen der Mutter. Und dann, wenn er ein alter Mund geworden ist, die Schnabeltasse im Krankenhaus.

H. M., geb. 1943, Therapeut, lebt in Frankfurt am Main

Der *andere* Kopf und die *anderen* Schuhe

Wie schmal der Bereich ist, in dem noch akzeptiert wird, wie jemand aussieht! New York schaut weg, Wien ruft hinterher, Berlin gafft und starrt. Allerdings, wenn man auf dem Land lange allein war, wird der eigene Blick auch *türkisch.*

Zuerst schauen die Leute mit Entsetzen auf den Kopf, der kahlge-schoren, blank und nackt aussieht, dann sofort auf die Schuhe: Wo steht denn der eigentlich?

(Die Frage ist doch, wie reagiert man selbst auf das Stigma von ande-ren? Auch konventionell! Wie schaut denn *der* aus! Wer ist denn *das?* Wie *die* sich aufführen!)

Irgendwann, wann bloß?, hineingeglitten, in die Existenzform des Fremdkörpers, des Ärgernisses.

Des Totemtiers?

Es fing damit an, daß die Definitionen nichts mehr hergaben, das Den-ken auf andere Spuren geriet. Die Dinge geschahen unterderhand und wiesen im nachhinein eine erstaunliche Logik auf.

Mit diesem Kopf steht man in der Welt da: unübersehbar!

Der Kopf als Schädel. Als Urform.

In Beinhäusern auf dem Land werden die Köpfe der Toten ausgestellt und beschriftet, platzsparend auf den Stirnen. Schädel-Stätten. Köpfe, die nach dreißig Jahren exhumiert werden, sorgfältig nach so-zialen Rangordnungen gestaffelt. Moorhofbauer, so ein Wort kann man dann auf den Knochen lesen.

Manchmal, wenn ein Kopf unachtsam aus dem Grab herausgeschaufelt wurde, fehlt das Gesicht. Zurückgeblieben ist der hintere Schädelabschnitt, also nur die Kalotte. Augenhöhlen und Wangenpartie sind weg.

Dieser Anblick: diese Abwesenheit gibt einem das Gefühl, als sei nun auch die letzte Spur von Individualität, von Person und Subjektivität getilgt.

Der Kopf von vorn, das Gesicht, *schaut* einen doch wenigstens noch immer *an,* selbst als purer Knochen noch.

Vielleicht, daß dieser rasierte, blanke Kopf eine ständige, unbewußte Mahnung darstellt, ein *memento mori.*

Die Welt dringt ungehinderter in ihn ein. Als würde man besser hören können, durch diese haarlose Haut.

Die Schädelknochen, wie zusätzliche Ohren. Man *hört* mit den Knochen. Eine vergrößerte Aufnahmefläche. Keine offene Fontanelle und doch eine andere Aufmerksamkeit als mit Haar und Hut.

Zugänglichkeit.

Frisuren, Kurzschnitte, rituelle Schnitte: ein Umriß und eine Unbewegtheit, die an Gestirne erinnert.

Der Kopf hört nicht auf, an seinen Außenrändern. Vielleicht ist er eine Art Gestirn? Ein Gestirn, das sich nicht dreht.

Oder ein Stein, geformter Stein. Er darf nicht wegbewegt werden von dem Ort, an dem er sich gebildet hat.

Schädel und Stein, beide kalkhaltig. Das heißt, keiner Chronologie unterworfen. Nicht der Mode: den Definitionen. Den kleinteiligen Zeitläuften.

Eine »märchenbefangene Figur« sein. Man geht durch ein Steintor hinein, und wenn man wieder zurückkommt, sind fünfzig Jahre vergangen. Manchmal, auf der Alm, ist die Sonne so heiß, daß man einen Hut tragen muß, dann kommen die Touristen und sagen: Der sieht wie Joseph Beuys aus. Und damit ist man dann doch wieder eingereiht in die Gattung der Hutträger, der Menschen mit Kopfbedeckung.

B. H., geb. 1943, Schriftsteller, lebt in Wien

Stein und Riesenrad

Gesichte: Gedichtzeilen, Töne, Fetzen von Sprache, unzugänglich, totemähnlich wie die Physiognomie der Indianer. Schmale Münder, Gesichter von Windhunden.

Das Gestreckte, Aufrechte, die Größe. Die Figuren auf der Osterinsel: Archaisches.

Heimat. In den Stein hineingehen. Ein Gehen durch Wände. Eine Inschrift: Man kann sie nicht verletzen und nicht löschen. Man kann sie zerkleinern, aber das Element bleibt. Dann kommt etwas Neues.

Mund, ob etwas aus dem Mund kommt, wie eine Liedzeile. Etwas, das man ausstößt, wie Atem. Und dann würde sich eine Schrift bilden, in der Luft.

Auch Schreckliches! Die Insel Lanzarote zum Beispiel. Sehr viel Totes, die Spanier räumen ihre toten Tiere nicht weg. Gesichter, die sich geformt haben aus den toten Körpern von Hunden und Katzen: diese Verbindung von Nicht-Sprechen, Nicht-Sprechenkönnen und Stein.

Wenn menschliche Gesichter, dann aus Stein. Etwas, das man erahnen kann und das formvollendet ist. Und das normalerweise nicht als *Ausdruck* bezeichnet wird, weil ihm Haut und Knochen und physisches Leben fehlen.

Das Gesicht: eine Brandung. Es geht ein Wasser darüber, das Wasser wäscht, wischt aber nicht weg, es klärt. Ein weißes Gesicht, ein Stein, der gewaschen wird und noch weißer wird. Ein unentwegter Reinigungsprozeß. Das Alte, Ungesunde, das Abgelagerte wird weggenommen. Nicht aber, um am Ende wieder ein Kindergesicht zu werden. Nichts Unschuldiges oder Unwissendes. Sondern, um sich ein kleines

Stückchen neben die Gesetze der Menschen zu stellen. Neben ihre
Ordnungen.

Das Gesicht, der Stein, die Brandung. Ein Spiel und ein Wunsch. Alterslos und unsterblich zu sein. Ewig zu sein, unberührbar. Wie in einer Drachenhaut leben, den Elementen näher sein als der Menschenhaut.

Sehr früh hatten Gesichter schon eine Faszination, aber gemischt mit Grauen.

Gesichter: um sie in sich hineinzuschlingen, um sie zu *essen,* bis man mit ihnen verschmolzen war.

Nur so waren sie erträglich in ihrer Unheimlichkeit.

Es gibt Menschen mit Fischmündern, bösen Augen. Manchmal sehen Frauen aus wie verkrümmte Vögel mit ihren Handtaschen vor der Brust. Gesichter, die von Haß, Bosheit und Unglück zerfressen sind. Haßgesichter, wie ein Geruch.

Nicht Entstellungen sind das Furchtbare, nicht die Narbenbildungen in Gesichtern. Es gibt wunderschöne Narben. Erschreckend ist das Unglück des Lebens, das sich in menschlichen Gesichtern zeigen kann. Entsetzen, das nicht verarbeitet wurde, die ungelebte Liebe. Der Haß, der sich nicht zeigen durfte.

Wie deutlich die Seele auf einem Gesicht zu sehen ist, hat mit Intelligenz zu tun. Mit Bewußtheit und mit Sein.

Je mehr Gedanke in einem Menschen ist, um so mehr *Linie* ist auch zu sehen.

Die Augen sind grün. Mit einer eigenartigen Schrägstellung. Jemand sagte mal: Du siehst häßlich aus, Augen wie eine Katze. Wie schön! Katzen sind doch sehr hübsche Tiere.

In den Zeiten der Frauenbewegung, als es das Schminktabu gab, waren die Lippen rot angemalt, das Gesicht sehr weiß, der Mund: als Wunde, nein, wie eine Blume.

Trotzdem, immer hochgeschlossen. Das Gesicht prüde, preußische Familie!

Selber sehen. Nicht gesehen werden: eine Form von Geiz. Er zeigt sich manchmal am Kinn, es kann herb, verschlossen, abweichend sein, mokant. Ein manchmal ganz böses Kinn, nicht schön!

Beruhigend in unglücklichen Momenten, bei Schlaflosigkeit, in schlechten Zeiten das Gesicht der Großmutter.

Die Großmutter in einem grünen Plisseekleid, sie steht an der Schaukel, durch dieses Kleid geht der Wind. Der Wind und die Schaukel, zusammen vollziehen sie eine Bewegung, die endlos ist wie ein Rad, ein großes Riesenrad.

A. R., Schriftstellerin, geb. 1956, lebt in Marburg

Anonym wie ein buddhistischer Text

Die Idee des menschlichen Gesichts in der Renaissance ist statisch. In der Moderne, so hat es Georg Simmel in seinen Betrachtungen über Auguste Rodin zum Ausdruck gebracht, kommt ein flüssiges Element hinzu, *die Seele.*

Das Wesen der modernen Kunst besteht darin, sich von Bewegungen faszinieren zu lassen. Der antike Leib ist unpersönlich, emblematisch, mit der Entdeckung der Fotografie kommt ein Fließen in die Bilder. Eine Grundmetapher von heute.

Im späten 20. Jahrhundert vergibt man den Nobelpreis an Forscher, die sich mit der Kommunikation zwischen den Zellen beschäftigen.

Ebenso ist die Beziehung zwischen bewußten und unbewußten Wahrnehmungen in Bewegung gekommen.

Daß also der Kopf, das Gesicht aus dem Unbewußten nicht herauszulösen sind.

Der Hinterkopf ist wie ein verdeckter Mond, unsichtbar. Es gibt keine Methode, die eigene Rückseite erkennen zu können.

Dieser blinde Fleck stellt ein Tabu dar, einer der wesentlichen Gründe für die allgemeine Paranoia in den modernen, narzißtisch geprägten Gesellschaften. Die Unmöglichkeit, sich selbst sehen zu können. Nichts anderes ist: Narzißmus.

Jean Genet hat in seinen Texten diese Einsicht noch ein Stück weitergetrieben, indem er anonyme Gesichter schuf.

Gesichter, die den Charakter der Meditation annehmen.

Das eigene Gesicht sehen hat etwas mit Schauen zu tun, mit einem Wissen. Es ist uns nicht in objektiver Form gegeben, sondern hat mit der Seele, mit *anima* zu tun.

Proust hat gesagt, das eigene Gesicht sehen heißt, sich daran zu erinnern. Seine Beschreibung hat den Charakter der Beschwörung.

Man muß sich das so vorstellen: Kleine Pulsionen in der Vergangenheit haben für unsere Empfindungen eine reine Intensität. Um sie alleine geht es, um diese vielleicht vierzig Minuten von Ekstase, die in einem Leben von neunzig Jahren zusammenkommen. In diesen Augenblicken wächst das Gesicht uns zu.

Es ist noch lange nicht fertig.

Fertig, unfertig.

Es ist nicht so, daß die Gesellschaft uns eine Maske übers Gesicht legt. Eine Maske, die das sogenannte *wahre Gesicht* verdeckt. Es sind unsere eigenen *talking heads,* die an uns nach außen treten. Sie sitzen in unserem Kopf. Tote, die zurückgekommen sind.

Auf Kinderbildern ist das Gesicht eines Polizeimannes zu sehen.

Wo steht *dieses* Gesicht im Augenblick? Passiv und ruhig wie eine Skulptur.

Voll von Symmetrie. Und Anonymität, wie ein buddhistischer Text. Als hätte es keinen Eigentümer.

Als könnte dieses Gesicht auch sagen: Ich bin Bauer, Bankangestellter, Kneipenbesitzer, ich bin im Urlaub.

Anonymität löst Eigenschaften auf, erlaubt es, Abenteuer zu haben. Das hat mit Simultaneität zu tun, mit der Möglichkeit, Vergangenheit, Gegenwart und Zukunft gleichzeitig sehen zu können. Sich zu erleben im Medium der Flüssigkeit.

Für das Gesicht bedeutet das, einen Ausdruck von Freiheit anzunehmen, sich loszulösen von der körperlichen Sklaverei der Arbeit. Schauplatz zu werden für anti-mechanistische Abläufe.

Das menschliche Gesicht bewegt sich in der Spannung zwischen Freiheit und Archetypus. Allein die Beziehung, die der Mann zu seiner Mutter hat. Ihr gegenüber ist er immer der Schuldige, denn sie hat seinetwegen, das heißt, indem sie ihn zur Welt gebracht hat, auf eigene Entwicklungsschritte verzichtet. An den Gesichtern der Männer kann man es sehen, daß sie der Mutter eigentlich etwas zurückgeben müßten, ohne das je getan zu haben.

Ein anderes archetypisches Element ist der *Schrei*.

Francis Bacon malt solche Gesichter. Der Schrei ist auch in unsere Gesichter gefahren. (In den zwanziger Jahren hat man davon noch keine Erfahrung, nicht in dieser kollektiven Form.)

Heute verfügen wir nur noch über Gesichter, die diesen Schrei zum Ausdruck bringen müssen.

Ein Schrei, der zum allgemeinen Wissen geworden ist.

Kein weiter Weg von Francis Bacon zu Maria Callas. Gesang als

Schrei. Das ist der Grund für unsere tiefe Beziehung zu dieser Sängerin.

Auch Madonna singt »Pop stars are screamin'«.

Solche Gedanken sind es, die in dieses Gesicht hineinspielen.

Andererseits ist die Beziehung zu ihm pragmatisch. Es wird gewaschen und rasiert, aber niemals vor dem Spiegel. Der Spiegel ist still und hart und gibt nichts zurück.

Betrügt um das Wissen, daß der Mensch selber ein Spiegel ist. Resonanzboden.

Deshalb hat Narziß das Wasser dem Spiegel vorgezogen. Es hat, als organische Substanz, die Fähigkeit zur Deformierung. Zur Beweglichkeit. So schreibt John Keats in einem Epitaph: Hier liegt ein Mann, dessen Name über Wasser geschrieben ist.

Alle Blicke, die ein Gesicht je getroffen haben, sind von ihm aufgezeichnet worden. Es gibt überhaupt nur deshalb Gesichter, weil sie von anderen angeschaut wurden. Und dadurch ihre Form erhalten haben.

Gleichzeitig, je mehr fremde Blicke auf unsere Gesichter fallen, in ihnen arbeiten, desto tiefer werden sie zerstört. Zwangsläufig entfernt man sich im Laufe des Lebens immer weiter von ihnen weg. Vergißt sie.

Vergißt, selber magisch zu wirken. Bilder zu erschaffen, Visionen. Vorstufen von Wirklichkeit.

Zeitgenössische Graffiti erinnern noch von fern daran. Haben etwas Rettendes.

Die Entdeckung des eigenen Gesichts auf einem Babybild: auf dem es so aussah, als wäre es tot.

Es war sehr still, unbeweglich, wortlos. Trotzdem schaute sich die ganze Familie das Bild eines toten Kindes an. Mit toten Katzen weiß man besser umzugehen, man gräbt sie in die Erde.

Hat Gott ein Gesicht? Hat er noch eins?

Der erste, früheste Blick der Mutter bleibt auf dem Gesicht liegen. Dieser Blick ist etwas Elementares, er ist immer da. Hat sich tief in den Körper gesenkt. In den ersten Jahren des Lebens bildet er eine Schutzkraft. Durch sie findet der Mensch später Schlaf, körperliche Entspannung.

Der Blick und das Gesicht der Mutter. Es sah aus wie ein Ei. Wie etwas Vollkommenes. Ganz plötzlich starb sie, war einfach weg. Es gibt nicht einmal ein Foto von ihr. Aber ihr Gesicht hat sich seine Unzerstörtheit bewahrt, nicht als Erinnerung, sondern ganz direkt im Medium des eigenen Gesichts.

Sonst wäre die Mutter wirklich tot. Sie überlebt als Blick, als Eindruck, den sie hinterlassen hat. Die Mutter ist da: als *Idee*.

»Wie ich selber mein Gesicht beschreiben würde: als einen *seismographisch-vulkanischen Ort*.«

P. H., geb. 1955, Kunstwissenschaftler, lebt in Dublin und Paris

Impressum

Die Deutsche Bibliothek – CIP-Einheitsaufnahme
Wysocki, Gisela von:
Fremde Bühnen : Mitteilungen über das
menschliche Gesicht /Gisela von Wysocki. –
Hamburg : Europäische Verlagsanstalt, 1995
ISBN 3-434-50054-5

© 1995 by
Europäische Verlagsanstalt, Hamburg

Umschlaggestaltung
MetaDesign, Berlin, unter Verwendung
eines Fotos von Gisela von Wysocki

Signet
Dorothee Wallner nach
Caspar Neher »Europa« (1945)

Herstellung
Das Herstellungsbüro, Hamburg

Satz
Druckerei Wagner, Nördlingen

Druck und Bindung
Clausen & Bosse GmbH, Leck

Printed in Germany 1995

ISBN 3-434-50054-5

eva

Literatur bei

Zsuzsanna Gahse
Essig und Öl
mit Schriftbildern von
Zsuzsanna Gahse
ISBN 3-434-50011-1

Herta Müller
**Eine warme Kartoffel ist
ein warmes Bett**
mit Bildern von Friedemann
von Stockhausen
ISBN 3-434-50014-6

Regula Venske
**Pursuit of Happiness
oder Die Verfolgung
des Glücks**
ISBN 3-434-50022-7

Paul Parin
**Untrügliche Zeichen
von Veränderung**
Jahre in Slowenien
ISBN 3-343-50012-x

Paul Parin
Karakul
Erzählungen
ISBN 3-434-50031-6

Franz Blei
**Der Montblanc sei höher
als der Stille Ozean**
Essays
ISBN 3-434-50038-3

Gisela von Wysocki
Auf Schwarzmärkten
Prosagedichte. Fotografien
ISBN 3-434-50042-1

Gisela von Wysocki
**Abendlandleben oder
Apollinaires Gedächtnis**
Spiele aus Neu Glück
ISBN 3-434-50041-3

Gerhard L. Durlacher
Die Suche
*Bericht über den Tod und
das Überleben*
Aus dem Niederländischen
übersetzt von Maria Csollány
ISBN 3-434-50025-1

Gerhard L. Durlacher
Ertrinken
Eine Kindheit im Dritten Reich
Aus dem Niederländischen
übersetzt von Maria Csollány
ISBN 3-434-50023-5

Gerhard L. Durlacher
Streifen am Himmel
*Vom Anfang und Ende
einer Reise*
Aus dem Niederländischen
übersetzt von Maria Csollány
ISBN 3-434-50024-3

Europäische Verlagsanstalt

eva

Europäische Verlagsanstalt
Parkallee 2
20144 Hamburg
Telefon (040) 45 01 94-0
Fax (040) 45 01 94-50

mit Texten von

Ginka Steinwachs
Zsuzsanna Gahse
Barbara Honigmann
Sara Gerstel
Zehra Çırak
Renée Zucker

Nach Europa
Texte zu einem Mythos

„Der Mythos von Europa
wird noch einmal
befragt ...
die Logik der Sprache
und die Lust am
Experiment, das
Verrücken vom Fest-
gefügten und das
Räsonieren über
die erdabgewandte
Seite der Geschichte
legen ungeahnte
Facetten frei.
Eine Entdeckung."

Salzburger Nachrichten

HERAUSGEGEBEN
VON
SABINE GROENEWOLD

Europäische Verlagsanstalt

eva

Europäische Verlagsanstalt
Parkallee 2
20144 Hamburg
Telefon (040) 45 01 94-0
Fax (040) 45 01 94-50